KB251982

부모님, 선생님
"고맙습니다"로
시작하는 효

부모님, 선생님
"고맙습니다"로
시작하는 효

Saying "Thank You"

Prelude to Filial Piety

Reminders for New Generations

Kyu-taik Sung, Ph.D.

부모님, 선생님
"고맙습니다"로
시작하는 효

성규탁 지음

이담 Books

인사말

눈부신 경제발전을 지속하는 과정에서 전통적 가치는 뒷전으로 밀리고, 자녀교육이 기본적 가치의 부재 속에서 행해지고 있다고 걱정하는 사람들이 많습니다.

효는 우리의 조상이 남겨 주신 문화적 유산으로서 부모 자녀 간에 서로 돌보는 호혜적 관계를 돈독하게 하고, 가정과 이웃의 화합과 안녕을 이룩하며, 인간사회의 질서와 도덕을 북돋우는 문화적 가치입니다.

이런 효의 가치를 다시 밝혀 새 시대의 생활양식에 맞게 실천하는 과제가 우리 앞에 놓여 있습니다. 이 과제를 풀어 나가는 데 가정에서의 사회화와 학교에서의 교육이 매우 커다란 역할을 할 수 있습니다.

자라나는 아이들은 이 나라의 앞날을 이끌어 갈 일꾼들입니다. 이들이 어릴 때부터 고령자를 이해하고 배려하는 성향을 가져야 앞으로 고령자를 위한 정책과 사업을 꾸미고 고령자를 가족과 사회에 통합하는 데 큰 역할을 할 수 있습니다.

따라서 우리에게 희망과 용기를 줄 수 있는 교육을 통하여 우리가 물려받은 이 문화적 가치를 다시 밝히고, 젊은 세대가 변하는 환경에 맞게 실현할 수 있도록 도와야 하겠습니다.

그럼으로써 효의 이념에 따라 자녀와 부모, 젊은 사람과 어른, 가족과 이웃이 서로 사랑하고 섬기는 호혜적 사회를 발전시켜 나갈 수 있을 것입니다.

성규탁 박사가 이 책에서 제시하는 새 세대의 효에 대한 이해외 실천을 돕는 방안과 효에 관한 경험적인 조사결과를 청소년을 돌보고 이끄시는 가족, 학교, 사회의 어러분이 활용하시어 좋은 성과를 내실 수 있기를 바라마지않습니다.

사회복지법인 자광재단 이사장

정구훈

머리말

효에 관한 유교경전의 내용 소개, 효의 당위성 강조 및 효의 문화적 가치 고양에 관한 글들이 발표되고 있습니다. 그런데 이러한 이론적이고 교양적인 활동이 젊은 사람들로 하여금 효를 실천하고 체험토록 하는 결실로까지 이르지 못한다는 걱정의 소리가 나오고 있습니다.

우리가 간절히 바라는 바는 다음 세대가 효를 이해하고 실천하는 것이며, 나아가 이 문화적 가치를 이들의 다음 세대로 전수해 주는 것입니다. 이러한 소원을 이루기 위해서는 우선 젊은 세대로 하여금 효를 이해할 뿐만 아니라 일상생활에서 실천, 체험하도록 이끌어 주는 기성세대의 노력이 필요하다고 봅니다.

자라나는 사람들이 어릴 때부터 고령자를 이해하고 배려하는 심성을 가짐으로써 앞으로 고령자의 복지는 물론 이분들을 가족과 사회에 통합하는 데 매우 바람직한 역할을 할 수 있다고 봅니다.

우리가 물려받은 효의 가치를 다시 밝혀 젊은 세대가 변하는 생활환경에 맞게 실현할 수 있도록 여러 가지 방안으로 도와 나가야 하겠습니다.

이 책에서 제시하는 자료는 이러한 목적을 위하여 다소나마 참고가 될 것이라 생각하여 시험적으로 꾸며본 방법입니다.

제1부에서는 저자의 조사에서 효의 핵심적 차원으로 드러난 '부모 은혜에 대한 보답', '부모에 대한 의무수행', '부모를 중심으로 하는 가족화합', '부모에 대한 존경'과 관련해서 아동과 청소년이 비교적 쉽게 행할 수 있다고 보는 기초적인 표현을 골라서 제시하였습니다. 이러한 표현을 하는

대상으로서 부모, 선생, 형과 누이, 친척, 친구, 이웃을 들었습니다.

제2부는 사회화의 장(場)인 가정과 교육의 장인 학교에서 어린 세대를 가르치는 과제에 대해서 논의하고, 새 시대의 효의 실천방향, 효행의 유형, 부모 은혜에 대한 감사, 어른 존경의 내용분석에 대해서 논의하고 청소년의 효행 사례들을 소개하였습니다.

이 책에서 탐험적으로 꾸며본 시도가 앞으로 더 개발되어 젊은 세대가 효를 이해하고 실천, 체험하도록 이끌어 주고 나아가 이들이 이 문화적 자산을 다음 세대로 이전하는 힘을 길러줄 수 있기를 바랍니다.

2013년 봄

자광재단 효문화연구소

성규탁

목 차

제1부

효의 실행

지금까지 효는 막연히 다루어져 그 내용을 분석적으로 설명하지 못해 왔습니다. 그래서 젊은 사람들에게 효를 실천하는 데 도움이 될 구체적 지침을 제공하지 못했습니다.

저자가 행한 조사에서 한국인이 가장 자주 실천한 효행으로서 ① 부모에 대한 존경, ② 부모에 대한 책임수행, ③ 부모 은혜에 대한 보답, ④ 부모를 중심으로 한 가족의 화합, ⑤ 부모를 위한 희생, ⑥ 부모에 대한 동정, ⑦ 가족의 영속 등 도합 12가지를 발견했습니다(성규탁, 2005, 2010)(효행에 관한 논의는 이 책 제2부에서 자세히 하게 됩니다).

이 책에서는 이 효 실천 행동들 중 가장 중요하다고 지적된 다음 네 가지를 골라서 아래 순서에 따라 해설해 나가고자 합니다(<표 1> 참조).
　(1) 부모의 은혜에 대한 보답　　(2) 자녀의 의무수행
　(3) 부모중심의 가족화합　　　　(4) 부모에 대한 존경

〈표 1〉 효행의 내용

효행항목	지적빈도(%)[1]	등위[2]
※ 부모에 대한 존경	93	1
※ 자녀의 의무수행	82	2
※ 부모은혜에 대한 보답	77	3
※ 부모중심의 가족화합	50	4
부모를 위한 희생	37	5
부모에 대한 동정	29	6
(외 6개 항목)		

N=934명의 효행자들
1: N에 대한 지적자 수 비율
2: 비율 크기에 따른 등위
※ : 이 책에서 다루어진 항목(40% 이하 항목 제외)

제1장 | 은혜에 대한 보답

효행항목들 중에서 먼저 "은혜에 대한 보답"을 다루어
보고자 합니다.

우리 문화에서 애독되는 문예작품과 속담집에서 가장 자
주 오르내리는 이야기가 부모의 은혜와 이에 대한 보답일
것입니다. 이 보답은 부모 자녀 사이의 호혜적인 '서로 돌
봄'의 기본적 도리입니다.

부모의 은혜에 대한 감사는 어릴 때부터 시작됩니다. 그
런데 사람은 태어나서부터 고마움을 저절로 표현하는 것은
아닙니다. 어른으로부터 배워서 하게 됩니다(이연숙, 2011;
Ryan, 1999).

부모가 베푼 고마움－부모의 은혜－에 보답하는 첫 번째
행동은 "아버님, 어머님, 고맙습니다(감사합니다)"라는 표현
이 되겠습니다(부모의 은혜에 대한 감사는 제10장에서 자
세히 논의합니다).

아이는 집안에서 자라면서 부모님으로부터 칭찬과 벌을 받아 가며 받은 은혜에 고맙다고 하도록 사회화됩니다. 초등학교에 들어가면 철이 들기 시작하여 은혜를 베푼 사람에게 감사하려는 마음을 품게 됩니다(김경희, 2003; Lewis, 2005). 게다가 받은 은혜에 대해 '고맙다'는 뜻을 표현하도록 교육을 받게 되는 것입니다(한국청소년개발원, 2011; Rice, 1984).

이 시기가 지나면 감사의 표현이 점차 복잡해집니다. 성숙해짐에 따라 도덕적인 시각에서 받은 은혜를 이해하고 이에 대한 고마움을 태도와 행동으로 표현하게 됩니다(이희경, 2010; 김인자 외, 2004). 그리하여 청년기에 들어가면서 사회적 기대에 맞게 물질적 및 비물질적으로 다양하게 고마움을 표현하기 시작합니다(Emmons & McCullough, 2003)(효와 관련된 학교교육에 관해서는 제5장에서 논의합니다).

감사하는 사람은 은혜를 베푼 사람과 자신이 가진 것을 나누어 가지며, 그에게 의무적으로 도움을 주려는 '친사회적' 행동을 하게 됩니다(김인자 외, 2008: 646). 이것이 서로 돌봄의 시작입니다.

부모에 대한 감사는 외부로부터 강요를 당해서 하는 것이 아니라 사람의 마음속에서 우러나는 의무감에 기인합니다(Ryan, 1999; Hashimoto, 2004). 이런 의무감은 사람이 태어날 때부터 가지는 성품에서 오는 것이라고 합니다(『효경』, 11장).

우리 문화에서는 은혜를 갚는 것을 매우 중요시합니다. 은혜를 갚을 줄 모르는 사람은 '사람 축에 들지 못한다', '배은망덕한 자이다', '사람이 마땅히 지켜야 할 예의에 벗어난 행동이다' 등의 비난을 받습니다. 그리고 사회적으로 대우를 받지 못하게 됩니다.

철학자 칸트는 은혜에 대한 감사는 성(聖)스러운 의무라고 했습니다.

『명심보감』(효자편)에는 부모 은혜를 갚는 의무를 수행하기가 그렇게도 어려움을 시사하는 다음과 같은 말이 있습니다.

"아버지 어머니, 나를 낳으시고, 애쓰시고, 수고하셨도다. 그 은덕을 갚고자 하는데 그 은혜가 하늘같이 다함이 없어 갚을 바를 알지 못하도다."

막중한 부모 은혜를 갚기 위해서는 매우 많은 노력이 필요함을 시사하는 말입니다. 이런 노력의 첫 단계 실행이 곧 감사하는 것입니다.

교육적으로 볼 때, 다른 사람에게 고맙다고 하도록 가르치는 것은 매우 바람직한 효과가 있습니다. 즉, 감사하도록 지도를 받은 아동은 다른 사람의 감정/느낌에 예민하게 되고, 아울러 감정이입과 기타 정서적 기법이 발전하게 됩니다. 뿐만 아니라 높은 만족감과 낮은 스트레스를 가지는 경향이 있습니다(Lewis, 2005; Ryan, 1999). 즉, 위에서 지적한 '친사회적 성향'에 보태어 이러한 긍정적인 파급효과가 있는 것입니다. 대체로 감사하는 마음을 심어줌으로써 아동이 장래 이득을 보게 된다는 것이 전문가들의 견해입니다. 어릴 때 시작된 좋은 버릇은 청년기를 거쳐 성인기에도 좋은 열매를 맺을 수 있음을 시사하는 것입니다. 즉, '세 살 때 버릇이 여든까지 간다'는 우리의 속담과도 같은 것입니다.

부모가 아닌 사람에게도 은혜를 입으면 갚습니다. 선생의 경우가 대표적인 예입니다. 부모는 자녀를 이 세상에 출생시켜 양육하지만, 선생은 이 세상에서 살아가는 데 필요한 지혜와 방법을 가르쳐줍니다. 다음으로 나를 보살펴 주는 형과 누이, 친척 어르신, 나의 친구, 그리고 나에게 편리를 제공해 주는 이웃 어르신에게 각각 고맙다는 말을 하는 것이 예의입니다.

다음에 부모님을 비롯한 연고자들-선생님, 형과 누이, 친척, 친구 및 이웃-에게 고마움을 전하는 말의 보기를 들어보고자 합니다.

1. "아버님, 어머님, 고맙습니다"

부모님의 '은혜에 감사하는 것'은 그분들이 베풀어 주신 은혜에 대해 자라나는 자녀가 보답하는 첫 번째 행동이 됩니다.

부모님은 나를 이 세상에 태어나게 하셨고, 사랑으로 길러 주시고, 교육시켜 주시고, 사회에 진출하도록 도와주시고, 끝없이 나를 위해 걱정하시며 돌보아 나가십니다. 그분들의 넓고, 깊고, 조건 없이 베풀어 주시는 은혜는 참으로 귀하고 어지십니다. 다음 노래 가사는 바로 이러한 특수한 은혜를 읊고 있습니다.

낳으실 제 괴로움 다 잊으시고
기르실 제 밤낮으로 애쓰는 마음
진자리 마른자리 갈아 뉘시고
손발이 다 닳도록 고생하시네
하늘 아래 그 무엇이 높다 하리오
어머님의 희생은 가없어라

부모님에게 감사드리는 행동은 어릴 때부터 시작됩니다. 자라나면서 철이 들어 은혜를 베푼 분들에게 감사하려는 의욕을 가지게 됩니다. 아울러 가정에서 그 은혜에 대하여 '고맙습니다' 라고 하도록 배우고, 학교에 들어가서 고맙다는 뜻을 나타내는 예절을 배우게 됩니다.

[실천]

부모님

* 저의 몸을 낳아 주셔서 고맙습니다.
* 저를 사랑으로 길러 주셔서 고맙습니다.
* 저에게 먹을 것과 마실 것을 주셔서 고맙습니다.
* 저에게 입을 것을 주셔서 고맙습니다.
* 제가 살 집과 이부자리를 마련해 주셔서 고맙습니다.
* 제가 아플 때 돌보아 주셔서 고맙습니다.
* 저의 몸을 건강하게 잘 돌보라고 타일러 주셔서 고맙습니다.
* 저의 건강을 위해 음식을 골고루 먹도록 가르쳐 주셔서 고맙습니다.

* 제가 위험한 곳에 가지 않도록 일러 주셔서 고맙
습니다.

* 제가 위험한 장난을 하지 않도록 주의시켜 주셔
서 고맙습니다.

* 교통규칙을 잘 지켜 안전하게 학교에 가고 오도
록 지시해 주셔서 고맙습니다.

* 학교에 가고 오는 길에서 문제가 생기면 즉시 부
모님에게 연락하라고 일러 주셔서 고맙습니다.

* 학교에 갈 때 외모를 단정하게 해서 가도록 도와
주셔서 고맙습니다.

* 제가 공부하도록 뒷바라지를 해 주셔서 고맙습니다.

* 선생님의 말씀을 따르도록 일러 주셔서 고맙습니다.

* 선생님에게 공손하게 인사하고 바르게 말하도록
주의 주셔서 고맙습니다.

* 학교규칙을 잘 지키도록 타일러 주셔서 고맙습니다.

* 학교에서 좋은 친구들과 어울리도록 충고해 주
셔서 고맙습니다.

* 다른 학생을 따돌리지 말라고 주의시켜 주셔서
고맙습니다.

* 다른 사람을 절대 때리지 말라고 타일러 주셔서
  고맙습니다.
* 다른 사람과 싸우지 말라고 주의시켜 주셔서 고
  맙습니다.
* 모든 사람에게 예의 바르게 행동하도록 가르쳐
  주셔서 고맙습니다.
* 이웃 어르신을 존경하도록 가르쳐 주셔서 고맙
  습니다.
* 나의 생활환경을 정돈하고 깨끗이 하라고 주의
  시켜 주셔서 고맙습니다.
* 어려움을 참고 헤쳐나갈 수 있어야 한다고 가르
  쳐 주셔서 고맙습니다.
* 돈을 아껴 쓰라고 타일러 주셔서 고맙습니다.
* 저를 위해 끝임없이 사랑으로 걱정해 주셔서 고
  맙습니다.

[부모님에게 감사하는 이유]

* 나를 낳아 주셨습니다.

* 나를 사랑해 주십니다.

* 나에게 의식주를 마련해 주십니다.

* 나를 길러 주십니다.

* 나를 위해 공부를 시켜 주십니다.

* 나의 학교생활을 지도해 주십니다.

* 내가 건강하도록 이끌어 주십니다.

* 내가 아플 때 돌보아 주십니다.

* 내가 안전하도록 걱정해 주십니다.

* 나에게 예절을 가르쳐 주십니다.

* 친구들과 잘 어울리도록 일러 주십니다.

* 남에게 폭행을 하지 않도록 주의를 시키십니다.

* 남을 따돌리지 말도록 주의를 시키십니다.

* 나의 생활환경을 깨끗이 하도록 일러 주십니다.

* 나를 위해 끊임없이 걱정해 주십니다.

[논의]

위의 말씀 외에 어떤 말로 어머님과 아버님에게 고맙다
는 말씀을 드릴 수 있을까요? 생각해 봅시다.

나는 부모님에게 위와 같이 감사하기 때문에

* 공부를 열심히 합니다.
* 부모님의 말씀을 잘 듣습니다.
* 부모님에게 걱정을 끼치지 않습니다.
* 부모님을 기쁘게 해 드립니다.
* 부모님을 섬깁니다.

2. "선생님, 고맙습니다"

부모가 아닌 분들에게도 은혜를 입으면 고마운 마음을 간직하고 이를 갚으려 합니다. 선생님이 바로 그런 분입니다.

부모님은 나를 이 세상에 출생시켜 길러 주시지만, 선생님은 내가 이 세상에서 살아가는 데 필요한 지식과 방법을 가르쳐 주십니다.

선생님은 나의 부모님 은혜에 못지않게 나에게 큰 은혜를 베풀어 주십니다. 따라서 선생님에게도 마음에서 우러나는 고맙다는 말씀을 드립니다.

우리 문화에서는 선생님이 제자에게 베푸시는 은혜에 대해 감사하는 것을 매우 중요한 가치로 삼고 있습니다. 이런 가치는 우리를 비롯한 아시아의 중국, 일본, 인도, 태국 등 나라들에서도 공통으로 지켜지고 있습니다.

나는 선생님에게 언제나 고맙다는 마음을 간식하고 디옴과 같은 '고맙습니다'의 표현을 때와 장소에 따라 실행합니다.

[실천]

선생님

(어른 앞에서는 나를 '저' 또는 '제'라고 함)

* 저를 돌보아 주셔서 고맙습니다.

* 저에게 새로운 지식을 가르쳐 주셔서 고맙습니다.

* 제가 살아가는 데 필요한 지혜와 방법을 가르쳐
주셔서 고맙습니다.

* 저에게 공부하는 방법을 가르쳐 주셔서 고맙습
니다.

* 제가 공부를 게을리하지 않도록 타일러 주셔서
고맙습니다.

* 제가 어려움을 당할 때 헤쳐나가도록 격려해 주
셔서 고맙습니다.

* 제가 올바른 사람이 되도록 지도해 주셔서 고맙
습니다.

* 제가 예의를 지키도록 이끌어 주셔서 고맙습니다.

* 제가 부모님의 말씀을 잘 지키도록 타일러 주셔서 고맙습니다.

* 제가 어른을 공경하도록 가르쳐 주셔서 고맙습니다.

* 제가 바른말과 행동을 하도록 주의시켜 주셔서 고맙습니다.

* 선생님의 모범을 본받도록 저에게 보여 주셔서 고맙습니다.

* 저에게 꾸지람을 주시며 올바르게 학교생활을 하도록 지도해 주셔서 고맙습니다.

* 제가 학교의 규칙을 잘 지키도록 지도해 주셔서 고맙습니다.

* 제가 학교 오고 가는 길에 교통규칙을 잘 지켜 안전하도록 주의시켜 주셔서 고맙습니다.

* 학교 안과 밖에서 어려운 일이 생길 때는 선생님에게 연락을 하여 도움을 받으라고 일러 주셔서 고맙습니다.

* 저의 몸을 잘 돌보도록 타일러 주셔서 고맙습니다.

* 제가 아플 때 돌보아 주셔서 고맙습니다.

* 체육을 통해서 저의 몸을 건강하게 해 주셔서 고
맙습니다.

* 위험한 곳에 가지 않도록 주의시켜 주셔서 고맙
습니다.

* 친구들과 다정하게 어울리도록 저를 인도해 주
셔서 고맙습니다.

* 다문화가정의 친구들과 잘 어울리도록 타일러
주셔서 고맙습니다.

* 다른 사람을 따돌리지 말도록 지시해 주셔서 고
맙습니다.

* 교우들과 싸우지 않도록 타일러 주셔서 고맙습니다.

* 남에게 폭력을 행사하지 않도록 훈도해 주셔서
고맙습니다.

* 집이 어려운 친구를 돌보아 주도록 가르쳐 주셔
서 고맙습니다.

* 어려운 이웃 어르신을 도와드리도록 지시해 주
셔서 고맙습니다.

* 어린이, 장애인, 환자를 돌보도록 타일러 주셔서
고맙습니다.

* 모든 생명체(동물, 나무, 풀, 꽃)를 보호하도록
주의시켜 주셔서 고맙습니다.
* 우리가 살고 있는 자연환경을 보호하도록 가르
쳐 주셔서 고맙습니다.

[선생님에게 감사하는 이유]

* 나에게 새로운 지식을 가르쳐 주십니다.
* 살아가는 데 필요한 지혜와 방법을 가르쳐 주십
니다.
* 나에게 공부하는 방법을 가르쳐 주십니다.
* 학교규칙을 지키도록 이끌어 주십니다.
* 나에게 예절과 도의를 가르쳐 주십니다.
* 내가 건상하도록 지도해 주십니다.
* 내가 안전하도록 인도해 주십니다.
* 이웃을 위해 봉사하도록 지도해 주십니다.
* 어르신, 장애인, 어린이를 돌보도록 타일러 주
십니다.

* 다문화가정 학생과 잘 어울리도록 지도해 주십니다.

* 남을 따돌리지 않도록 가르쳐 주십니다.

* 남과 싸우지 않도록 주의를 시키십니다.

* 남에게 폭행을 가하지 않도록 훈시를 주십니다.

* 동식물을 애호하도록 가르쳐 주십니다.

* 자연환경을 보호하도록 인도해 주십니다.

[논의]

위의 말씀 외에 어떤 말로 선생님에게 '고맙습니다'라는 표현을 할 수 있을까요? 생각해 봅시다.

나는 선생님에게 위와 같이 감사하기 때문에

* 공부를 열심히 합니다.
* 선생님의 말씀을 잘 듣습니다.
* 선생님에게 걱정을 끼치지 않습니다.
* 선생님을 기쁘게 해 드립니다.
* 선생님을 섬깁니다.

3. "형님, 누님, 고맙습니다"

부모님 다음으로 나와 가장 가까운 가족원들은 형제자매
(형, 누이, 남동생, 여동생)입니다. 또한 나와 친근한 사촌
등 형제자매가 있습니다. 그리고 인척이 아니더라도 내가
믿고 친근하게 지내며, 나를 돌보아 주는 형, 누이, 동생이
있을 수 있습니다.

이들 사이에도 위와 아래의 순서가 있습니다. 이런 순서에
따라 형과 누이를 존중하고 따르며, 동생을 돌보아 줍니다.

부모님을 중심으로 형제자매와 잘 어울려서 화합된 가족
관계를 이루면서 옳은 길로 나가도록 서로 이끌어 줍니다.

이렇게 함으로써 부모님을 즐겁게 해 드릴 수 있습니다.
이것이 부모님에게 효도하는 한 가지 방법입니다.

이들이 나에게 베풀어 주는 사랑, 친절, 도움에 대해 아래
와 같이 고맙다는 표현을 실행합니다.

[실천]

형님, 누님

* 나를 사랑하며 이끌어 주어 고마워요.

* 여러모로 나를 보살펴 주어 고마워요.

* 나의 공부를 도와주어 고마워요.

* 도움이 되는 지식과 정보를 주어 고마워요.

* 나의 마음을 이해해 주어 고마워요.

* 나를 감싸 주어 고마워요.

* 나의 잘못을 용서해 주어 고마워요.

* 나에게 모범을 보여 주어 고마워요.

* 나에게 충고를 해 주어 고마워요.

* 나의 몸을 잘 돌보라고 타일러 주어 고마워요.

* 운동하는 데 내가 어울리게 해 주어 고마워요.

* 위험한 짓을 하지 않도록 주의시켜 주어 고마워요.

* 좋은 친구를 사귀도록 타일러 주어 고마워요.

* 어르신에 대한 예의를 지키도록 가르쳐 주어 고
  마워요.

* 학교 가는 길에 교통규칙을 지켜 안전하도록 주
  의시켜 주어 고마워요.

* 수상한 사람과 이야기하지 않도록 주의시켜 주
  어 고마워요.

* 나에게 문제가 생길 때 즉시 연락해 달라고 일러
  주어 고마워요.

* 우리 가족의 위상을 높이라고 타일러 주어 고마
  워요.

* 우리 가족원이 모두 평안하도록 애써 주어 고마
  워요.

[형과 누이에게 감사하는 이유]

* 나를 사랑하며 이끌어 줍니다.

* 나를 보살펴 줍니다.

* 나의 공부를 도와줍니다.

* 도움이 되는 지식과 정보를 나와 나누어 가집니다.

* 운동과 외부활동에 나를 참여시켜 줍니다.

* 나를 이해해 줍니다.

* 나를 감싸 줍니다.

* 나에게 모범을 보여 줍니다.

* 나를 바른길로 인도해 줍니다.

* 나에게 충고를 해 줍니다.

* 나에게 예절을 가르쳐 줍니다.

* 내 몸이 건강토록 도와줍니다.

* 내가 안전토록 인도해 줍니다.

* 친구와 어울리도록 타일러 줍니다.

* 남과 싸우지 않도록 주의를 줍니다.

* 우리 가족의 체면을 지키기 위해 애써 줍니다.

[논의]

위의 말 외에 어떤 말로 형님과 누님에게 '고마워요'라는 표현을 실행할 수 있을까요? 생각해 봅시다.

4. "친척 어르신, 고맙습니다"

[실천]

친척 어르신

* 저와 우리 가족을 도와주셔서 고맙습니다.

* 저와 우리 가속에게 관심을 가져 주셔서 고맙습니다.

* 저와 우리 가족원과 만나 대화해 주셔서 고맙습니다.

* 우리 가족이 어려운 일을 당할 때 도와주셔서 고맙습니다.

* 저희 가족행사에 와 주셔서 고맙습니다.

* 조상님에 대한 예절을 지키는 행사에 참여해 주셔서 고맙습니다.

* 우리 집안의 보람이 되는 일을 해 주셔서 고맙습니다.

* 우리 사회를 위해 좋은 일을 해 주셔서 고맙습니다.

[친척 어르신에게 감사하는 이유]

* 나의 가족을 돌보아 주십니다.

* 나와 나의 가족원들에게 관심을 가져 주십니다.

* 나의 가족과 대화/교환을 해 주십니다.

* 우리 가족행사에 참여해 주십니다.

* 친족의 위신을 높여 주십니다.

[논의]

위의 말 외에 어떤 말로 친척 어르신에게 '고맙습니다'라는 표현을 할 수 있을까요? 생각해 봅시다.

5. "친구여, 고맙다"

친구는 서로 사랑하며 믿고 즐겁게 어울려 지내는 동료입니다. 좋은 친구는 내가 어려움이나 위험에 부딪힐 때 도와주고 위로해 주며 용기를 돋우어 줍니다. 그는 또한 나의 잘못을 용서해 주고 옳은 길을 가도록 일러 주며 나와 함께 사이좋게 지냅니다. 공부하는 데도 서로 도와주고 깨우쳐 줍니다. 나는 이런 친구와 서로 아끼고 서로의 안전을 걱정하고 폭력과 차별을 반대하며 학교생활을 해 나갑니다. 이렇게 하는 것을 나의 부모님은 늘 원하고 계십니다. 나는 친구가 나에게 베푸는 친절과 도움에 대해서도 고맙다는 뜻을 품고 때와 장소에 따라 아래와 같이 '고맙다'라는 말을 합니다.

[실천]

친구여

* 나의 친구가 되어 주어 고맙다.

* 나에게 친절하게 해 주어 고맙다.

* 나를 돌보아 주어 고맙다.

* 나의 공부를 도와주어 고맙다.

* 도움이 되는 지식과 정보를 나와 나눠 가져 고맙다.

* 나에게 충고를 해 주어 고맙다.

* 나의 잘못을 용서해 주어 고맙다.

* 내가 어려움을 당할 때 위로와 격려를 해 주어
고맙다.

* 내가 아플 때 도와주어 고맙다.

* 내가 친구들과 잘 어울리도록 이끌어 주어 고맙다.

* 내가 친구들과 싸우지 않도록 타일러 주어 고맙다.

* 내가 다치지 않도록 돌보아 주어 고맙다.

* 내가 위험한 짓을 하지 않도록 주의시켜 주어 고
맙다.

* 내가 위험한 곳에 가지 않도록 타일러 주어 고맙다.

* 나를 깔보거나 무시하지 않아 고맙다.

* 나를 따돌리지 않아 고맙다.

* 안전한 등교와 하교를 위해 나와 함께 서로 보호
하며 길을 걸어 주어 고맙다.

* 학교 안과 밖에서 어려운 일에 부딪힐 때 선생님
과 부모님에게 함께 알려 드리기로 약속을 해 주

어 고맙다.

* 도움이 필요한 친구들을 도와주어 고맙다.

* 우리 반/학급을 위해 좋은 일을 해 주어 고맙다.

* 우리 학교를 위해 좋은 일을 해서 고맙다.

* 남을 때리거나 남의 몸에 상처를 입히지 않도록 주의시켜 주어 고맙다.

* 남의 몸을 내 몸같이 중하게 여기면서 돌보아 주어 고맙다.

* 남을 용모·재산·인종·문화적 배경에 따라 차별하지 않아 고맙다.

* 어려운 처지에 있는 친구들을 도와주어 고맙다.

* 공부에 뒤떨어진 친구를 잘하도록 도와주어 고맙다.

* 좋은 환경을 만들기 위해 교실과 식당을 깨끗이 해 주어 고맙다.

* 이웃을 위해 좋은 일을 해서 고맙다.

[친구에게 감사하는 이유]

* 나와 우정을 나눕니다.

* 나의 공부를 도와줍니다.

* 나를 돌보아 줍니다.

* 나를 격려해 줍니다.

* 나와 어울려 줍니다.

* 나를 안전토록 해 줍니다.

* 나와 함께 교내 폭력을 반대합니다.

* 나와 함께 학생 차별을 반대합니다.

* 나와 함께 어려운 친구를 도와줍니다.

* 나와 함께 이웃을 위해 봉사합니다.

* 나와 함께 환경을 깨끗하게 가꿉니다.

[논의]

위의 말 외에 어떤 말로 친구에게 고맙다는 말을 할 수 있을까요? 생각해 봅시다.

6. "이웃 어르신, 고맙습니다"

우리는 이웃과 어울려 살고 있습니다. 나와 나의 가족은 이웃과 같은 마을에서 서로 돌보면서 함께 생활합니다. 이웃의 어르신과 주민은 우리에게 여러 가지 편리를 보아 줍니다. 이에 대해서 우리는 마땅히 감사해야 하겠습니다. 나는 길을 걸어갈 때, 그리고 지하철과 버스를 타고 갈 때 다른 사람으로부터 조그마한 친절, 도움, 협조라도 받으면 '고맙습니다'라고 인사합니다. 내가 다니는 길에서 청소를 하거나 눈을 치우는 분들에게도 '고맙습니다' 또는 '수고하십니다'라고 인사합니다. 나와 나의 가족, 그리고 이웃과 우리 사회를 위해 봉사하고 도움을 주는 모든 어르신과 주민에게 아래와 같이 감사의 뜻을 전하는 것은 마을 사람으로서 마땅히 지켜야 할 예의라고 생각합니다.

[실천]

이웃의 어르신과 이웃에 봉사하는 분

* 저와 우리 가족을 도와주셔서 고맙습니다.

* 저희에게 우리 마을에 관한 지식과 정보를 주셔

서 고맙습니다.

* 저희가 안전하게 통학하도록 길을 정리해 주셔서 고
  맙습니다.

* 저희 학교행사에 와 주셔서 고맙습니다.

* 저희에게 공동생활을 하는 모범을 보여 주셔서
  감사합니다.

* 우리 마을의 어려운 사람들을 도와주도록 저희
  를 이끌어 주셔서 고맙습니다.

* 우리 마을 사람들의 권리와 이익을 보장하기 위
  해 애써 주셔서 고맙습니다.

* 우리 마을을 안전하게 해 주셔서 고맙습니다.

* 우리 마을 사람들의 복리증진을 위해 애써 주셔서
  고맙습니다.

* 우리 마을의 자연환경을 가꾸어 주셔서 고맙습
  니다.

* 우리 마을을 살기 좋게 해 주셔서 고맙습니다.

[이웃들에게 감사하는 이유]

* 나와 나의 가족을 도와주십니다.

* 나와 마을 사람들에게 도움이 되는 지식과 정보
  를 주십니다.

* 우리 마을 사람들의 안전을 위하여 애써 주십니다.

* 우리 마을 사람들의 권리와 이익을 신장하는 데
  힘써 주십니다.

* 우리 마을의 어려운 사람들을 돌보아 주십니다.

* 우리 이웃의 복리를 위해 봉사활동을 해 주십니다.

* 우리 마을의 자연을 보호해 주십니다.

* 공동생활을 하는 모범을 보여 주십니다.

* 우리 마을을 살기 좋게 해 주십니다.

위의 밀 외에 어떤 말로 이웃 어르신과 이웃을 위해 봉
사하는 분들에게 고맙다는 말씀을 드릴 수 있을까요? 생각
해 봅시다.

제2장 | 자녀의 의무수행

부모님에 대한 자녀의 의무를 수행하는 것이 효의 매우 중요한 부분입니다. 자라나는 사람들이 할 수 있는 의무는 첫째로 부모님이 주신 '나의 몸'을 잘 돌보는 것입니다.

'나의 몸'을 안전하고 건강하게 하는 것이 부모님의 가장 크신 소원이기 때문입니다.

공자는 효의 시작은 부모가 낳아 준 몸을 상하게 하지 않는 것이라고 다음과 같이 말했습니다(『효경』, 1장 개종명의장).

"우리의 몸은 양팔, 양다리를 비롯하여 머리카락,
피부에 이르기까지 모두 부모로부터 받은 것이니
결코 이를 상하게 하지 않는 것이 효의 시작이다."

율곡 선생도 부모로부터 받은 몸을 다스리는 것이 곧 효(以孝守身)라고 아래와 같이 말했습니다.

"천하에 내 몸보다 더 소중한 것은 없다. 이 몸은 부모로부터 물려받았다. 부모가 남겨 주신 이 몸은 천하의 어느 것과도 바꿀 수 없다. 부모 은혜가 얼마나 큰 것인가를 이로써 알 수 있다. 어찌 감히 몸을 나의 것으로만 생각하고 부모를 극진히 모시지 않을 수가 있겠는가?(『율곡전서』, 권27, 사친장)."

부모님은 나에게 몸을 남겨 주셨을 뿐만 아니라 극진한 사랑, 보살핌, 음식, 의복, 주거, 의료, 교육 등 어린이로부터 어른으로 자라는 데 필요한 온갖 종류의 물질적 및 비물질적 돌봄을 제공하시며 길러 주십니다.

이렇게 베풀어 주신 부모님에게 효도하는 이유로서 다음의 두 가지를 들고 있습니다(『명심보감』, 효행 편).

첫째, 나를 낳아 주신(생산, 生産) 은혜
둘째, 나를 길러 주신(양육, 養育) 은혜

이런 은혜뿐만 아니라 공자가 말했듯이 부모님은 "오직 자식의 병을 걱정하십니다(『논어』, 위정 6)."

몸을 주시고 길러 주시는 부모님은 마음속 깊이 자녀가

몸에 병이 없이 오래 살기를 늘 염원하고 계십니다. 이런 간절한 바람은 오직 부모님만이 가지실 수 있는 한없이 어질고도 고귀한 마음씨입니다. 그래서 부모님은 하루같이 자녀가 몸을 다칠까 걱정하십니다.

길을 걸을 때 조심하도록, 저녁 늦게 바깥에 나가 있지 않도록, 나쁜 사람과 어울려 위험한 짓을 하지 않도록, 충분한 영양을 섭취하여 몸이 건강하도록 타일러 주시고 돌보아 주십니다. 즉, 부모님의 가장 크신 걱정은 '나의 몸'을 잘 돌보는 것입니다.

나는 부모님의 이런 큰 걱정을 덜어 드리기 위해 '나의 몸'을 잘 돌보는 데 힘을 씁니다. 이렇게 하는 것이 위의 선현들 말씀과 같이 자라나는 내가 부모님에게 효도하는 첫 번째 행동이라고 믿습니다.

아울러 나는 나와 가까이 지내는 주변 사람들-형제자매, 친구, 이웃-이 몸을 잘 돌보도록 관심을 가지고 도와주고자 합니다. 그리고 나의 건강에 도움이 되도록 생활환경을 미화하고 나에게 즐거움을 주는 동물과 식물도 마구 상하게 하지 않고 보호하려 합니다.

이렇게 하는 것이 부모님에 대한 나의 가장 중요한 의무
를 수행하는 것이라고 믿습니다.

1. "나의 몸을 잘 돌봅니다"

부모님이 주신 나의 귀중한 몸을 아래와 같이 잘 돌보아
나감으로써 부모님을 안심시켜 드리고 즐겁게 해 드릴 수
있다고 봅니다. 이렇게 하는 것이 자라나는 내가 부모님에
게 효도하는 가장 중요한 방법이라고 믿습니다.

[실천]

* 부모님이 주신 나의 몸을 소중히 돌봅니다.
* 나의 몸을 다치지 않도록 조심합니다.
* 나는 위험한 곳에 가지 않습니다.
* 나는 위험한 짓을 하지 않습니다.
* 나는 언제나 안전규칙을 지킵니다.
* 나는 건강에 관한 부모님과 선생님의 말씀을 잘
  따릅니다.
* 나는 방에만 있지 않고 규칙적으로 바깥에 나가
  운동합니다.
* 나는 바깥에 나갔다 오거나 식사를 하기 전에 손을

씻습니다.

* 나는 음식을 골고루 맛있게 먹습니다.

* 나는 부모님/선생님이 권하지 않은 음식을 먹고
마시지 않습니다.

* 나는 옷을 온도에 알맞게 입습니다.

* 나는 얼굴, 손발, 몸을 깨끗이 합니다.

* 나는 아랫니와 윗니를 깨끗이 닦습니다.

* 나는 머리를 자주 씻고 다듬습니다.

* 나는 몸이 아플 때 부모님에게 알려 드립니다.

* 나는 규칙적으로 잠자리에 들고 일어납니다.

* 나는 하루 7~8시간 잡니다.

* 나는 길을 건널 때는 언제나 교통 표지판을 살피
고 반드시 횡단보도를 이용하며 차가 오는지 좌
우를 살핍니다.

* 나의 몸에 해가 되는 짓은 절대 하지 않습니다.

* 몸에 해가 되는 담배와 술을 멀리합니다.

* 나의 몸을 돌보듯이 남의 몸도 돌보아 줍니다.

* 나의 건강에 이로운 생활환경을 꾸미려고 노력
합니다.

[나 자신을 돌보는 의무의 수행: 간추림]

* 나의 몸을 잘 돌봅니다.

* 나의 몸이 안전토록 합니다.

* 나의 건강을 증진합니다.

* 위생적인 생활을 합니다.

* 음식을 조심합니다.

* 규칙적인 생활을 합니다.

* 교통안전을 도모합니다.

* 건강에 유익한 생활환경을 가꿉니다.

* 다른 사람의 몸도 돌보아 줍니다.

[논의]

위의 말 외에 어떤 말로 나의 몸을 잘 돌보고 있다고 믿을 수 있게 말할 수 있을까요? 생각해 봅시다.

2. "나의 형제, 자매를 돌봅니다"

형제자매(형님, 누님, 남동생, 여동생)는 같은 부모님을 중심으로 서로 의존하며 돌보는 가족관계를 이룹니다. 우리 문화에서는 부모님에 대한 효 다음으로 형제간의 우애와 신뢰를 중요시합니다.

동생은 형과 누이를 존중하며 따르고 형과 누이는 아우를 사랑하며 돌보는 것을 중요한 가치로 삼고 있습니다.

형제자매 사이에도 생각과 행동에 다른 점이 있고 때로는 서로 경쟁하고 갈등을 가지는 경우가 있습니다. 그러나 같은 부모님을 모시는 형제자매는 서로 믿고 사랑하는 하늘이 주신 특별한 인연을 가지기 때문에 서로 이해하고 용서하면서 화합된 가족을 이루어 나갑니다.

이렇게 해서 서로 의좋게 돌보는 가족관계를 이루어 부모님을 즐겁게 해 드릴 수 있습니다. 이것도 효도하는 방법이라고 믿습니다.

[실천]

* 나는 형제자매를 사랑하고 돌봅니다.
* 나의 형제자매의 건강을 걱정하며 도와줍니다.
* 나의 형제자매와 건강에 도움이 되는 지식과 정보를 나누어 가집니다.
* 나의 형제자매가 안전하도록 도와줍니다.
* 나의 형제자매가 다치지 않도록 보호합니다.
* 나의 형제자매가 위험한 짓을 하지 않도록 타일러 줍니다.
* 나의 형제자매가 위험한 곳에 가지 않도록 주의 시킵니다.
* 형제자매가 어려운 일이 있을 때 도와줍니다.
* 형제자매 사이에 생각과 버릇이 달라 갈등이 생겨도 이해하고 받아들여 화합된 관계를 이루어 나갑니다.
* 나의 형제자매가 아플 때 정성껏 돌봅니다.
* 형제자매가 아플 때 부모님 또는 의사 선생님에게 알려 드립니다.

* 형제자매와 힘을 합쳐 건강에 좋은 생활환경을
  꾸며 나갑니다.

[형제자매를 돌봄: 간추림]

* 나의 형제자매를 사랑합니다.
* 나의 형제자매가 건강하도록 도와줍니다.
* 나의 형제자매가 안전하도록 도와줍니다.
* 나의 형제자매가 어려움을 당할 때 도와줍니다.
* 형제자매가 아플 때 돌보아 줍니다.
* 건강에 좋은 환경을 함께 꾸미고자 도와 나갑니다.

[논의]

위의 말 외에 어떤 말로 형제자매를 돌보고 있다고 믿을
수 있게 말할 수 있을까요? 생각해 봅시다.

3. "친구를 돌봅니다"

나는 친구와 사이좋게 어울립니다. 친구들 중에는 facebook 을 통해 아는 이들도 있습니다.

나는 친구가 위험이나 어려움에 부딪힐 때 도와주고 위로해 주며 용기를 돋우어 줍니다. 나는 또한 그의 잘못을 용서해 주고 옳은 길을 알려 주며 그와 함께 즐겁고 사이좋게 지냅니다. 공부하는 데도 서로 도와주고 깨우쳐 나갑니다.

남의 몸에 상처를 입히거나 남을 따돌리는 그릇된 짓을 하지 않습니다. 우리의 동포인 다문화가정의 친구들도 사랑합니다.

모든 친구의 몸을 나의 몸같이 중하게 여기면서 돌보아 줍니다. 나와 친구들이 서로 아끼고 서로의 안전을 걱정하며 몸을 잘 돌보아 나가는 것이 바로 부모님과 선생님이 원하시는 것임을 잘 알고 있습니다.

그래서 나는 다음과 같이 친구를 존중하며 돌보아 줍니다.

[실천]

* 나는 친구의 몸을 내 몸같이 소중하게 여기며 돌
보아 줍니다.
* 나는 친구가 도움이 필요할 때 도와줍니다.
* 나는 친구가 아플 때 그의 부모님과 선생님에게
알려 드립니다.
* 나는 운동을 할 때 친구가 다치지 않도록 조심합
니다.
* 나는 친구가 위험한 짓을 하지 않도록 타일러 줍
니다.
* 나는 친구가 위험한 곳에 가지 않도록 주의를 줍
니다.
* 나는 안전한 등교와 하교를 위해 친구와 함께 보
호하며 길을 걸어 다닙니다.
* 나는 건강에 도움이 되는 지식과 정보를 친구와
나누어 가집니다.
* 나의 편리를 위해 친구의 몸에 해를 끼치지 않습
니다.

* 나는 다른 학생들과 싸우지 않습니다.

* 나는 남을 때리거나 남의 몸에 상처를 입히는 짓을 하지 않습니다.

* 남을 용모, 재산, 인종, 문화적 배경에 따라 차별하지 않습니다.

* 나는 다문화가정의 친구를 존중합니다.

* 나는 남을 깔보거나 무시하지 않습니다.

* 나는 남을 따돌리지 않습니다.

* 나보다 어려운 처지에 있는 친구들을 돕습니다.

* 공부에 뒤떨어진 친구를 도와줍니다.

* 친구와 함께 위생적인 환경을 만들기 위해 교실과 식당을 깨끗이 합니다.

[친구를 돌봄: 간추림]

* 친구가 도움이 필요할 때 도와줍니다.

* 친구가 안전하도록 돌보아 줍니다.

* 친구를 위험으로부터 보호합니다.

＊ 친구가 건강하도록 도와줍니다.

＊ 다른 사람에게 폭행을 가하지 않습니다.

＊ 친구가 다치지 않도록 돌보아 줍니다.

＊ 친구들을 따돌리지 않습니다.

＊ 친구들을 차별하지 않습니다.

＊ 다문화가정의 친구를 존중합니다.

＊ 집이 어려운 친구를 도와줍니다.

＊ 우리의 교실과 식당을 깨끗이 합니다.

[논의]

위의 말 외에 어떤 말로 친구를 돌보고 있다고 믿을 수 있게 말할 수 있을까요? 생각해 봅시다.

4. "이웃을 돌봅니다"

나와 나의 가족은 이웃의 어르신 및 주민과 서로 도와 가며 화합된 공동사회를 이루어 나갑니다.

나는 나를 둘러싼 사람들의 인정을 받고 이들의 크고 작은 도움을 받아 가며 나를 실현해 나갑니다.

우리는 역사적으로 가족을 중심으로 이웃과 어울려 서로 존중하고 돌보는 사회적 가치를 받들어 왔습니다. 이런 가치를 지키면서 나와 나의 가족의 힘으로만은 하기 어려운 일들을 이웃과 힘을 합쳐 풀어 나왔습니다.

이 자랑스러운 전통에 따라 인종, 종교, 문화가 다르다 하여 이웃을 차별하거나 따돌리지 않으며 서로 존중하고 협동하여 공동의 복리를 증진해 갑니다.

그래서 나의 몸을 돌보듯 이웃분들의 몸도 건강하고 안전하도록 관심을 가지고 돌보아 주려고 합니다.

이를 위하여 다음과 같은 행동을 하고자 합니다.

[실천]

* 나는 건강에 도움이 되는 지식과 정보를 마을 사람들과 나누어 가집니다.
* 나는 이웃 사람의 몸에 상처를 입히거나 해가 되는 짓을 하지 않습니다.
* 나는 마을 사람이 다치거나 급히 아플 경우에는 즉시 119로 연락하거나 병원에 이송하도록 주선합니다.
* 나는 이웃이 아플 때 병문안을 해서 위로해 줍니다.
* 나는 장애인을 대등한 사람으로 존중하고 대우합니다.
* 나는 장애인을 그가 원할 때 도와줍니다.
* 나는 버스와 지하철에서 어르신과 약자에게 자리를 양보합니다.
* 나는 이웃 어르신과 어린이, 장애인 등 몸이 불편한 분들이 먼저 승강기나 자동차에 오르내리도록 합니다.
* 나는 이웃 어르신에게 공손하고 친절하게 대해

드립니다.

* 나는 이웃 어르신이 길을 지날 때 가로질러 걷지 않습니다.

* 나는 이웃에 불편이나 폐를 끼치지 않습니다.

* 나는 이웃으로부터 조그마한 도움이라도 받으면 반드시 '고맙습니다'라고 합니다.

* 나는 이웃에게 조금이라도 폐를 끼치면 '죄송합니다' 또는 '미안합니다'라고 합니다.

* 인종·종교·문화적 배경이 다르다 하여 이웃을 따돌리거나 차별하지 않습니다.

* 생활이 어려운 이웃을 따뜻한 마음으로 돌보아 줍니다.

* 다문화가정의 어려움을 이해하고 도와 나갑니다.

* 나는 이웃에 기쁜 일이 있으면 축하해 줍니다.

* 나는 우리 마을의 공동행사에 참여합니다.

* 나는 공원의 시설과 수목 및 화초를 고마운 마음으로 보호하며 가꿉니다.

* 이웃분이 돌아가시면 검은색이나 단일 색 복장을 하고 경건하게 조문을 합니다.

* 나는 이웃과 힘을 합쳐 건강에 도움이 되는 생활
  환경을 꾸며 나갑니다.
* 나는 이웃의 사회복지를 증진하기 위해 자원봉
  사를 합니다.

[이웃을 돌봄: 간추림]

* 이웃 사람들의 안전과 건강에 관심을 가지고 이
  를 위한 봉사활동에 참여합니다.
* 공중보건을 위해 협조합니다.
* 이웃에 응급환자가 생길 때 연락을 취합니다.
* 장애인이 요청할 때 도와줍니다.
* 약한 사람에게 자리를 양보합니다.
* 어르신과 약한 사람을 우선적으로 대접합니다.
* 어르신에 대한 예의를 지킵니다.
* 어려운 이웃을 돕습니다.
* 다문화가정을 존중하며 지원합니다.
* 마을 행사에 참석합니다.

* 생활환경을 가꿉니다.
* 이웃의 사회복지를 위해 봉사합니다.

[논의]

위의 말 외에 어떤 말로 이웃 어르신과 동리 사람들을 돌보고 있다고 믿을 수 있게 말할 수 있을까요? 생각해 봅시다.

5. "동물과 식물을 돌봅니다"

모든 살아 있는 것은 그것이 동물이건, 나무이건, 풀이건 귀중한 생명을 간직하고 있습니다.

나는 이들 생명체의 삶을 존중합니다. 따라서 함부로 죽이고, 꺾고, 베는 짓을 하지 않습니다.

공자의 제자로서 효에 대해 깊이 연구한 증자(曾子)는 생명을 소중히 다루어야 하는 데 대해서 "나무를 마구 자르고 동물을 마구 죽이는 것은 인(仁)을 해치는 것이며 인의 실천인 효(孝)와 어긋난다"고 했습니다.

이에 따라 효는 부모님을 비롯한 형제자매, 이웃을 보살피는 데서 동물과 식물까지도 귀중하게 여기는 사회윤리로 자리 잡게 됩니다.

이처럼 효는 사람의 몸을 돌보는 데는 물론 동식물을 돌보는 데로까지 획대됩니다. 우리의 몸은 부모님으로부터 받은 것이라 손상하지 않아야 한다는 의무와 함께 모든 살아 있는 것의 생명도 존중하는 의무를 다 같이 수행해야 되겠습니다.

[실천]

* 나는 동물과 식물을 보호합니다.
* 나는 모든 동물을 학대하거나 마구 다루지 않습니다.
* 나는 모든 동물을 마구 죽이지 않습니다.
* 길에서 방황하는 동물이 있으면 가까운 동물보호소에 연락합니다.
* 나는 나무, 화초, 풀을 마구 자르거나 훼손하지 않습니다.
* 나는 운동장과 공원의 꽃, 나무, 연못을 보호합니다.
* 나무와 풀은 우리의 생활환경을 아름답게 만드는 귀중한 자원이기에 가꾸고 보호합니다.
* 나무, 화초, 풀이 훼손되는 일이 있으면 그 자리에 새것을 심습니다.
* 나는 시냇물을 오염하는 짓을 하지 않습니다.
* 나는 자연환경을 훼손하지 않습니다.
* 나는 문화인으로서 아름다운 녹색환경을 가꾸는 데 힘씁니다.

[동식물을 돌봄: 간추림]

* 동물과 식물을 보호합니다.
* 동물을 학대하지 않습니다.
* 동물을 마구 죽이지 않습니다.
* 나무와 화초를 마구 자르지 않습니다.
* 나무와 화초를 보호하고 가꿉니다.
* 나무, 화초, 풀이 훼손되면 그 자리에 새것을 심습니다.
* 자연환경을 가꾸며 보존합니다.
* 녹색환경을 조성합니다.

[논의]

위의 말 외에 어떤 말로 살아 있는 생명체를 보호하고 있다고 믿을 수 있게 말할 수 있을까요? 생각해 봅시다.

제3장 | 가족 중심의 화합

효는 복수의 가족원들로 이루어진 가족을 중심으로 행해집니다. 그래서 효를 실천하는 데 중요한 요건은 부모님을 중심으로 가족원들이 화합하여 협동하는 공동체를 이루는 것입니다.

우리 문화에서는 '나'는 독립된 한 사람이 아니라 나를 둘러싸고 있는 가족원들로 이루어진 '우리 가족' 속에 담겨 있으며, 이 '우리 가족'을 이루는 멤버들이 나를 인정해 주고 도와줌으로써 '나'─가족적 자아(家族的 自我)─가 실현되는 것입니다. 따라서 가족적 자아는 나만이 아니라 나와 다른 가족원들로 이루어진 공동적인 체계인 '가족'에 속하는 자아로서의 '우리 자아'가 되는 것입니다.

이러한 '가족적 자아'와 '우리 자아' 신념을 가진 한국인은 '우리 가족', '우리 집', '우리 집단', '우리 마을', '우리 나라'라고 공생하는 집단을 부를 때 '우리'를 늘 먼저 내세

웁니다. 이런 '우리'를 이루는 데는 무엇보다 먼저 우리 구
성원들의 화합된 인간관계가 이루어져야 합니다.

한국인은 가족적 자아의식 속에서 화합된 가족관계를 유
지하면서 서로 걱정하고, 서로 위로하고, 서로 돌보는 호혜
적 '우리'를 이루고 있습니다. 이 경우 우리는 우리를 이루
는 성원들이 서로 신뢰하며 서로에게 의존하는 관계를 가
집니다. 나 혼자의 힘으로는 하기 어려운 것을 다른 성원
에게 도와주기를 바라고 또 이에 응해 도움을 주는 서로
돌보는 관계입니다. 이것이 한국인의 문화적 특성입니다.

아시아 사람들은 서양 사람보다 개인적인 자아감(自我感)
이 훨씬 약합니다. 우리는 가족원들과 공생(共生, 같이 사는
것)-교호(交互, 서로 나누는 것)하는 친밀한 상호 의존적
관계를 가지는 자아를 이루고 있습니다. 서양에서는 이런
가족적 자아(家族的 自我)-우리 자아-를 가진 사람이 매
우 드뭅니다(Roland, 1989).

그동안 일어난 사회적 변동은 가족 중심적 생활태도에
변화를 가져왔습니다. 그러나 대다수 한국인은 여전히 가
족을 중요시하며 가족원들이 상호 의존하는 성향을 간직하

고 있습니다(최재석, 2009; 신용하, 2004). 서로 떨어져 살면서도 서로의 안녕에 대해 관심을 가지고 걱정하며 필요할 때 도와 나갑니다.

새 시대에는 과거보다도 덜 위계적이고 덜 권위주의적인 가족체계 속에서 위와 아래, 남과 여, 노·소 세대가 서로의 권리와 인격을 존중하는 조화된 사회관계를 이루는 방향으로 발전해 가야 하겠습니다.

가족은 영원히 계속되는 사회적 체계입니다. 조상-부모-자녀-손자녀로 연계되어 가족의 영속이 이루어지는 것입니다. 이런 맥락에서 젊은이는 가족의 명맥을 이어 나갈 귀중한 존재입니다.

부모를 중심으로 가족의 영속을 도모하는 것이 효행의 한 가지 유형입니다. 젊은 세대가 가족원들과 잘 어울리어 협동하는 가족체제를 이룸으로써 가족의 영속을 이룰 수가 있는 것입니다.

1. "가족원들과 사이좋게 잘 어울립니다"

가족의 화합이란 부모님을 중심으로 형제자매가 하나의 질서 있는 단위로 뭉쳐 감정, 행동 및 취미를 나누어 가지면서 서로 돌보는 공생체(함께 사는 그룹)를 이루는 것입니다.

'나'는 이런 조화를 이루는 그룹의 한 성원이며 이 공생체의 조화를 이루어 나갈 의무를 수행해야 합니다.

형제자매 사이에 생각과 행동에 다른 점이 있고 때로는 서로 경쟁하고 갈등을 가지는 경우가 있습니다. 그러나 같은 부모를 모시는 형제자매는 서로 믿고 사랑하며 서로 돌보는 하늘이 주신 특별한 인연을 가지기 때문에 서로 이해하고 용서하면서 화합된 가족을 이루어 나갈 수 있습니다.

형제자매 사이에도 위와 아래의 순서가 있습니다. 이런 순서에 따라 서로에 대한 예절을 지키면서 나에게 베풀어 주는 사랑, 친절, 도움에 대해 감사해야 합니다.

나는 이러한 점을 머리에 두고 다음과 같은 행동을 하여 조화로운 가족관계를 이루어 나가 부모님을 즐겁게 해 드리려고 노력합니다. 이렇게 하는 것도 부모님에게 효도하는 중요한 방법이라고 믿습니다.

[실천]

* 나는 가족원들을 사랑합니다.

* 부모님의 뜻을 존중하며 따릅니다.

* 형과 누이의 뜻을 존중하며 따릅니다.

* 나는 배우자를 선택할 때 부모님과 의논할 것입니다.

* 나는 가족원들 모두에게 정직합니다.

* 나는 집안에서 맡은 바 책임을 수행합니다.

* 나는 가족이 어려움을 당할 때 다른 가족원들과 힘을 합쳐 해결하려고 합니다.

* 나는 가족원에게 걱정을 끼치지 않으려 합니다.

* 나는 가족원이 편찮을 때 정성으로 간호합니다.

* 나는 가족원들의 생일, 입학식, 졸업식 등 행사에 참석해서 축하합니다.

* 나는 조상님 제사에 참례합니다.

* 나는 가족을 외부로부터 오는 위험에서 지킵니다.

* 나는 가족원들을 감싸 줍니다.

* 다른 가족원이 나에게 잘못한 일이 있으면 용서

하고 화해합니다.

* 가족관계에서 내가 잘못한 것을 깨닫고 고쳐 나
  갑니다.
* 나의 시간, 노력, 가진 것을 다른 가족원들과 나누어
  가집니다.
* 내가 원하는 것, 두려워하는 것, 나의 즐거움, 어
  려움에 대해서 가족원들과 대화합니다.
* 나는 가족원이 말할 때 조심스럽게 듣습니다.
* 우리 식구를 하나 된 마음으로 서로 사랑하며 즐
  겁게 살아갑니다.
* 나는 가족원들과 협동하여 집안의 생활환경을 개
  선해 나갑니다.
* 나는 우리 가족의 명예를 높이기 위해 노력합니다.

[가족원들과 어울림: 간추림]

* 부모님의 뜻을 존중합니다.
* 형과 누이의 뜻을 존중합니다.

＊ 가족원들과 자주 대화를 합니다.

＊ 가족원과 협동합니다.

＊ 가족에 대한 의무를 수행합니다.

＊ 나의 것을 가족과 나눕니다.

＊ 가족원을 보살핍니다.

＊ 가족원에게 너그럽습니다.

＊ 가족행사에 참여합니다.

＊ 가족의 명예를 중요시합니다.

[논의]

위의 말 외에 어떤 말로 가족원들과 어울려 사이좋게 지내고 있다고 믿을 수 있게 말할 수 있을까요? 생각해 봅시다.

2. "친척과 사이좋게 지냅니다"

친척분들은 나와 나의 가족과 가장 가까운 인척으로서 서로에게 관심을 가지고 필요할 때 도와주는 친밀한 관계를 가집니다. 우리 집과 친척은 서로 돌보는 지원망을 이룹니다. 이 망 속에서 서로 우정을 나누고, 가족 모임에 참석하고, 좋은 일을 축하하고, 슬픈 일에 위안과 지원을 합니다. 우리는 다음과 같이 친척과 정답게 잘 어울리는 화합된 관계를 유지해 나갑니다.

[실천]

나와 나의 가족원들은

* 친척과 만나 정답게 대화합니다.
* 나는 친척에게 도움이 되는 일을 위해 힘을 보태고자 합니다.
* 나는 어려운 처지에 있는 친척을 도와주고자 합니다.
* 친척의 가족행사에 참석합니다.

* 같은 조상님에 대한 제례에 참례합니다.

* 명절 때 친척 댁에 가서 인사합니다.

* 친척에게 기쁜 일이나 슬픈 일이 있을 때 방문해
서 인사를 드립니다.

* 우리 가문의 명예를 높인 친척에게 경의를 표합
니다.

[친척과 어울림: 간추림]

* 친척과 대화를 합니다.

* 친척과 협동을 합니다.

* 친척과 교환을 합니다.

* 어려운 친척을 지원합니다.

* 친척의 가족행사에 참여합니다.

* 같은 조상님의 제례에 참례합니다.

* 친척의 경조사 때 인사를 합니다.

* 가문의 명예를 존중합니다.

[논의]

위의 말 외에 어떤 말로 친척과 어울려 사이좋게 지낸다
고 믿을 수 있게 말할 수 있을까요? 생각해 봅시다.

3. "친구들과 사이좋게 어울립니다"

좋은 친구를 사귀는 것은 매우 중요합니다. 좋은 친구는 내가 위험이나 어려움에 부딪힐 때 도와주고 위로해 주며 용기를 북돋워 줍니다. 그는 또한 나의 잘못을 용서해 주고 옳은 길을 알려 주며 나와 함께 즐겁고 사이좋게 지냅니다. 공부하는 데도 서로 도와주고 깨우쳐 나갑니다.

나는 친구들과 서로 아끼고 서로의 안전을 북돋우며 학교 생활을 해 나갑니다. 인종과 문화적 배경이 다르다 하여 남을 따돌리거나 차별하지 않습니다. 이렇게 해서 친구와 서로 존중하고 서로 돌보면서 학교와 마을에서 조화로운 관계를 유지해 나갑니다.

부모님은 내가 좋은 친구들과 잘 어울리기를 바라고 계십니다. 그래서 다음과 같이 친구들과 잘 어울린다는 것은 곧 부모님의 뜻을 받드는 것이라고 믿습니다.

[실천]

* 나는 좋은 친구와 어울립니다.
* 나는 친구와 즐겁고 사이좋게 지냅니다.

* 나는 공부하는 데 친구와 서로 도와주고 깨우쳐
  나갑니다.
* 나는 지식과 정보를 친구와 나누어 가집니다.
* 나는 친구와 충고를 주고받습니다.
* 나는 어려움을 당한 친구를 위로하고 용기를 북돋우
  어 줍니다.
* 나는 친구와 서로의 안전을 걱정하며 학교생활을 해
  나갑니다.
* 나는 친구가 위험에 부딪힐 때 성의껏 도와줍니다.
* 나는 친구의 잘못을 용서해 주고 올바른 길을 알
  려 줍니다.
* 나는 친구들이 서로 어울리도록 도와줍니다.
* 나는 친구들과 싸우지 않습니다.
* 나는 친구의 몸을 나치지 않도록 보호해 줍니다.
* 나는 따돌림을 당하는 친구가 없도록 합니다.
* 나는 인종, 종교, 문화적 차이가 있다 하여 차별
  하지 않습니다.
* 나는 다문화가정 친구와 소통하려고 노력합니다.
* 나는 친구들과 힘을 합쳐 깨끗하고 정돈된 교실

과 학교를 꾸미기 위해 노력합니다.

[친구와 어울림: 간추림]

* 친구와 사이좋게 지냅니다.

* 친구와 자주 대화를 합니다.

* 친구를 도와줍니다.

* 나의 것을 친구와 나눕니다.

* 서로 안전하도록 조심합니다.

* 서로 충고를 주고받습니다.

* 어려울 때 서로 위로하고 격려합니다.

* 서로 관용을 베풉니다.

* 싸우지 않습니다.

* 차별하지 않습니다.

[논의]

위의 말 외에 어떤 말로 친구들과 어울려 사이좋게 지낸다고 믿을 수 있게 말할 수 있을까요? 생각해 봅시다.

4. "이웃과 사이좋게 어울립니다"

우리는 이웃과 서로 어울려서 화합된 공동사회를 이룹니다. 나는 나를 둘러싸고 있는 사람들의 크고 작은 도움으로 나와 나의 가족 힘으로만은 어려운 일을 해 나갑니다. 우리는 역사적으로 가족을 중심으로 이웃과 어울려 서로 존중하며 돌보는 사회적 가치를 지켜 왔습니다. 이 자랑스러운 전통에 따라 인종, 종교, 문화가 다르다 하여 차별하거나 따돌리지 않고, 이웃의 모든 분과 다음과 같이 정답고 친절하게 어울려 나갑니다.

[실천]

* 이웃 사람들과 정답게 지냅니다.

* 이웃 사람들과 대화를 합니다.

* 이웃의 어르신을 존경합니다.

* 이웃의 어린 사람들을 보살펴 줍니다.

* 이웃의 기쁜 일을 축하해 줍니다.

* 이웃에 슬픈 일이 있을 때 찾아가 위안을 하고 조의를 전합니다.

* 이웃을 위한 봉사활동에 참가합니다.

* 우리 마을의 기념/축하 행사에 참가합니다.
* 좋은 이웃분과 만나 서로의 관심사에 대해 대화
합니다.
* 마을의 다문화가정 학생들을 존중하며 이들과 어
울립니다.
* 우리 마을의 생활환경을 깨끗이 하고 공원의 식
물과 화초를 가꿉니다.

[이웃과 어울림: 간추림]

* 이웃과 정답게 지냅니다.
* 이웃 사람들과 대화를 합니다.
* 이웃 어르신을 존중합니다.
* 이웃 어린이를 보살핍니다.
* 이웃의 기쁜 일과 슬픈 일에 인사를 합니다.
* 이웃을 위해 봉사합니다.
* 이웃 행사에 참가합니다.
* 이웃과 공동관심사에 대해 의논합니다.

* 이웃을 차별하지 않습니다.

* 다문화가정을 존중합니다.

* 마을의 환경을 깨끗이 합니다.

[논의]

위의 말 외에 어떤 말로 이웃과 어울려 사이좋게 지낸다
고 말할 수 있을까요? 생각해 봅시다.

제4장 | 부모님과 어른에 대한 존경

효를 하는 이유를 조사해 본 결과 '부모에 대한 존경'이 가장 중요한 것으로 나타났습니다. ('존경'은 '섬김'과 같은 뜻으로 봄).

나의 가장 귀중한 몸을 주시고, 나를 사랑과 희생으로 길러 주시며, 크고 깊은 은혜를 베풀어 주시는 부모님을 존경하는 것입니다.

부모님 다음으로 나를 가르쳐 주시며 길을 열어 주시는 선생님을 섬깁니다. 이분들 외에도 나의 가족, 나의 이웃, 나의 나라를 위해 은혜를 베푼 분들을 존경합니다. 우리는 자라나면서 부모님으로부터 받은 은혜를 깨닫고 이에 보답하려는 의무감을 가지게 됩니다.

우리나라를 포함하는 동아시아 문화권에서는 받은 은혜를 갚는 의무의 수행을 매우 중요시합니다. 은혜를 갚을 줄 모르는 사람은 사람들로부터 차별을 받습니다. 받은 은혜를 갚는다는 것이 올바른 사람이 지켜야 하는 도덕적 규범으로 되어 있습니다. 이런 규범을 지키는 대표적인 표현이 '존경하는 것'입니다.

저자는 부모님을 비롯한 어르신을 존경하는(섬기는) 방식을 조사하여 아래와 같은 다양한 섬김 방식들을 찾아냈습니다(성규탁, 2005, 2010, 2011; Sung, 2007)(이 조사에 대한 내용은 제10장에서 자세하게 소개합니다).

[섬김 방식]

[1] 인사를 해서 섬김
[2] 존댓말을 해서 섬김
[3] 외모를 갖추어 섬김
[4] 먼저 대접해서 섬김
[5] 윗자리를 드려서 섬김
[6] 보살펴 드려서 섬김
[7] 순종을 해서 섬김
[8] 의논을 해서 섬김
[9] 축하해 드려서 섬김
[10] 이웃 어르신을 섬김

다음은 위에 열거한 섬김 방식들 하나하나를 실행하는

데 대해 알아보고자 합니다.

<표 2>는 존경 방식을 보여줍니다.

〈표 2〉 어른 존경 방식과 지적빈도 및 중요성 평점

존경 방식	지적빈도[1]		중요성[2]	
	등위	%	등위	평점
보살핌	1	62	1	3.60
순종	2	51	3	3.51
의논	3	41	2	3.55
먼저 대접	4	36	6	3.12
인사	5	33	5	3.15
존댓말	6	31	4	3.23
음식 대접	7	23	7	3.02
선물	8	21	8	2.92
외모	9	20	9	2.82
조상	10	19	9	2.82
이웃	11	18	11	2.77
축하	11	18	12	2.63
윗자리	13	16	13	2.50
장례	14	9	13	2.50

N = 401
1 응답자들이 지적한 빈도: 응답자 총수의 5% 이상이 지적한 항목만 포함
2 중요성의 정도: 4단위측도에 기초함(4 = 극히 중요함......1 = 전혀 중요하지 않음)

[섬김 방식 1] 인사를 해서 섬김

사람을 만나 반가워하고, 그분에게 관심을 가지며, 우정을 표하고, 그분을 중요하게 여기면서 섬기는 방식입니다.

인사는 사람과 사람이 교환하는 데 제일 먼저 하는 행동이며, 사람들과의 좋은 인간관계를 맺는 데 필요한 조건입니다.

사회생활을 하는 데 있어 첫째가는 조건으로서 인사성이 밝은 것을 치고 있습니다. 인사는 예(禮)의 기본이 됩니다.

인사성이 밝지 못하면 가족원들 간의 관계에서뿐만 아니라 모든 사람과의 관계에서 실격자로 낙인이 찍힐 수 있습니다.

부모님, 친척 어른, 선생님, 이웃 어른, 직장의 윗사람, 선배, 그 밖의 존경할 분을 만나면 절 또는 합장을 해서 인사합니다.

인사를 할 때는 무엇보다도 상대방을 존중하는 마음을 가져야 합니다. 그리고 바른 자세와 똑똑한 목소리로 해야 합니다.

집에서 하는 인사

아침에 일어나서 부모님에게 다음과 같이 인사합니다.

"아버님/어머님, 안녕히 주무셨습니까?"

"어머님/아버님, 편히 주무셨어요?"

저녁에 잠자리에 들기 전에도 인사를 드립니다.

"안녕히/편히 주무십시오."

아침에 학교로 갈 때와 학교에 갔다 오면 인사를
합니다.

"학교에 다녀오겠습니다."

"학교에 다녀왔습니다."

선생님을 만나면 인사를 드리고 절을 합니다. "선
생님, 안녕하세요."

부모님이 어디에 가실 때는 일어서서 공손하게
인사를 드립니다.

"안녕히 다녀오세요."

다녀오시면 자리에서 일어서서 인사합니다.

"안녕히 다녀오셨어요?"

집안/친척과 이웃 어른을 만날 때도 인사합니다.

"안녕하세요."

"그동안 평안하셨어요?"

외출할 때는 부모님에게 가는 곳을 알려 드리고
허락을 받고서는 "다녀오겠습니다"라고 인사를 드
리도록 합니다.

일반적으로 하는 인사

사람을 만나면 다음과 같은 인사말을 건넵니다.

"안녕하세요."

"댁내 편안하십니까?"

"만나 뵈옵게 되어 반갑습니다."

헤어질 때도 다음과 같이 정중하게 인사를 합니다.

"요사이 날씨가 고르지 못하오니 건강에 유의하십시오."

"머지않아 또 만나 뵙게 되기를 바랍니다."

"안녕히 가십시오."

집안 어른이나 가까운 윗사람에게는 아침, 점심, 저녁 시간이 지나면 흔히 다음과 같은 인사를 합니다.

"진지 잡수셨습니까?"

식사를 했느냐를 알기 위해서 묻는 것이 아니라 보통 하는 친근한 인사말입니다.

선생님을 두 번 이상 마주쳤을 때는 가볍게 고개를 숙여 인사합니다.

집안/친척과 이웃 어른을 만날 때도 인사합니다.

"안녕하세요."

"그동안 평안하셨어요?"

절

전통적인 인사방법은 절을 하는 것입니다. 남자는 흔히 절과 악수를 동시에 합니다. 존경을 표시하기 위해서 왼손을 오른손에 겹쳐 악수를 합니다.

여자는 고개를 약간 숙여 인사하고 대개 악수는 하지 않습니다. 처음 만나는 사람에게 이름을 알릴 때는 성을 먼저 알려야 합니다. 친하지 않은 사람을 부를 때 그리고 공식적 모임에서는 그의 이름 다음에 호칭—선생님, 어르신, 소장님, 부장님, 박사님, 과장님, 기사님 등—을 붙여서 부르는 것이 예의입니다(호칭에 관해서는 이 절 끝의 '호칭'을 참고하기를 바랍니다).

몸짓

인사를 할 때 친한 사람이 아닌 상대편의 몸에 손을 대면 실례가 됩니다.

그리고 인사할 때 아랫사람이 윗사람을 똑바로 쳐다보는 것은 삼가는 것이 좋습니다. 가볍고 짧게 쳐다보도록 합니다.

앉아 있을 때 발은 반듯하게 하고 있어야 합니다. 발을 앞으로 뻗거나 책상 위에 얹어 놓지 않아야 합니다. 두 발을 마루 위에 디디고 앉아 있도록 합니다.

물건을 주고받을 때는 두 손으로 합니다.

사람을 가리킬 때는 엄지손가락으로 가리키면 안 됩니다. 손바닥을 아래로 하고 손으로 가리켜야 합니다.

만날 때

약속시간을 지켜야 합니다. 약속시간에 만나지 못하게 되면 늦는다는 연락을 반드시 해야 합니다. 처음 만날 때는 여러 장의 명함 또는 쪽지(이름, 전화번호, 이메일, 연락처를 적은)를 가지고 가는 것이 좋습니다. 명함 또는 쪽지를 주고받을 때는 두 손으로 합니다.

헤어질 때도 상대편에게 절이나 악수, 또는 절과 악수를 동시에 합니다.

인사의 보기

자기를 소개하는 경우를 들어 봅시다.

첫인사를 할 때는 보통 다음과 같은 말을 합니다.

"안녕하십니까."
"저는 김문식입니다."
"잘 부탁합니다."

어른 앞에서는 자기를 '저'라고 부릅니다.

존중하는 분을 부를 때는 보통 '님'을 붙여서 부릅니다 (예: "박 선생님", "조 과장님", "이 기사님").

모르는 분에게는 '어르신', '부인' 또는 '선생님'을 붙여 부릅니다(예: 남 어르신, 송 부인, 장 선생님).

부드럽고 나지막한 소리로 존중하는 표정으로 부릅니다. 온화한 얼굴로 따뜻한 느낌을 주도록 합니다. 이렇게 하는 것을 '비언어적 존경 방식'이라고 합니다.

요즘에는 선생이나 어른을 만나면 악수를 하면서 절을 합니다. 절과 악수를 동시에 하는 것입니다.

인사를 한 후 자리에 앉아 이야기할 때 비스듬히 앉아 있거나 턱을 괴고 있는 것은 실례가 됩니다. <상대편을 높이는 말>

어른을 오랜만에 뵐 때는 절을 하고 인사말을 합니다.

큰절

집안과 친척 어른에게 세배를 할 때 큰절을 합니다.

남자-공수한 손을 바닥에 짚고, 무릎을 꿇고, 발꿈치를 바닥에 붙이며 이마를 공수한 손에 대어 절을 합니다.

여자-고개를 숙여 이마를 공수한 손등에 붙이고, 무릎을 꿇고, 발등을 포개고, 엉덩이를 내려 앉히고, 윗몸을 반쯤 앞으로 굽혀 절을 합니다.

평상시에는 공손하게 배꼽인사를 합니다(두 손을 포개어 잡고 배꼽 위에 살며시 올려놓고 허리를 굽혀 "안녕하세요" 하며 인사하는 것).

호칭

〈집안 분들〉

아버님, 어머님(한문: 춘부장, 자당님), 돌아가신 아버님, 어머님(한문: 선친, 선비), 형님/오빠, 누님

〈외부인사〉

박사, 선생, 여사, 과장, 사장, 변호사, 장군, 교장, 간호사, 사회복지사 등

호칭은 사회적 지위, 전문직, 특별한 자격을 뜻하는 말로서 사람 이름 뒤에 붙입니다. 보통 이런 호칭 다음에 '**님**'을 붙여 씁니다. 즉, 선생님, 박사님, 장군님, 사장님, 간호사님, 사회복지사님, 기사님, 회계사님 등과 같습니다. 어른에게 편지나 메모를 써서 보낼 때도 이런 호칭을 사용합니다.

친구에 대한 인사

인사는 어른에게만 하는 것이 아닙니다. 친구에게도 합니다. 친구를 만나 반가워하고, 그에게 관심을 가지며, 그를 존중하는 마음으로 인사말을 합니다.

여러 가지 인사말이 있겠으나 다음을 자주 합니다.

"잘 있었나?"
"반갑다."
"추운데/더운데 학교에 오느라 수고했다."
"또 만나자."
"연락하자."
"잘 가거라."
"추운데/더운데 몸조심해라."
"무슨 일이 있으면 알려 주어."

"길 조심하거라."

[논의]

위의 말 이외에 인사의 참뜻을 전하는 말에 어떤 것이
있는가 생각해 봅시다.

[섬김 방식 2] 외모를 갖추어 섬김

의복을 단정하게 입고, 바른 자세와 태도를 갖추어 섬김
의 뜻을 전하는 방식입니다.

이를 위해 다음 사항들을 지키도록 합니다.

* 밝은 얼굴을 갖습니다.
* 세수를 합니다.
* 식사 후 이를 깨끗이 닦습니다.
* 머리를 감습니다.
* 머리를 깎습니다.
* 머리를 다듬습니다.
* 깨끗한 옷을 입습니다.
* 속옷을 갈아입습니다.
* 단정한 옷차림을 합니다.
* 단추와 지퍼는 잠급니다.
* 속옷은 바지 속으로 넣습니다.
* 바지는 흘러내리지 않게 합니다.

* 때와 장소에 알맞은 옷차림을 합니다(등교할 때,
운동 또는 일을 할 때, 결혼식 또는 장례식에 참
석할 때에 따라).
* 바르게 앉습니다.
* 바르게 섭니다.
* 바르게 걷습니다.
* 학교의 복도와 지하철 계단은 오른쪽으로 조용
히 걸어갑니다.
* 어른과 선생님이 계신 방에 드나들 때에는 공손
한 태도를 가집니다.

형식과 의식을 중요시하는 우리 문화에서는 위와 같이
사람을 만날 때 몸을 깨끗이 하고, 바른 외모를 갖추어, 몸
움직임을 바르게 하는 것이 사회생활을 하는 데 지켜야 할
기본예절로 되어 있습니다.

예의범절에 관한 규칙을 담고 있는 『예기』(예기, 하 12,
하 43)에는 몸가짐(외모)의 중요성이 지적되어 있습니다.
그리고 『논어』(論語, 8, 4; 10, 2)에는 외모를 갖추고, 눈을
바르게 하고, 옷을 반듯이 입고 예의를 지킬 것을 강조해
놓았습니다. 나의 옷차림과 외모는 나의 사회적 자격을 나

타내고, 나에 대한 사람들의 신뢰감을 높이며, 다른 사람에 대한 존경을 나타내는 '*비언어적 커뮤니케이션(몸으로 하는 대화)*'입니다. 사람들은 나의 외모 갖춤을 보고 나에 대한 첫인상을 가지게 됩니다. '첫인상'은 바꾸기 어려운 것으로서 오랫동안 사람들의 기억에 남습니다. 좋지 않은 첫인상은 사람들과의 좋은 관계를 맺는 데 지장이 될 수 있습니다. 얼굴 모습도 고르게 해야 합니다. 웃을 때 이가 드러나지 않게 하고, 이상한 표정을 하지 않으며, 즐거움과 슬픔도 몸을 가누어 나타내도록 해야 합니다.

의복과 함께 머리모양, 장신구, 보석, 신발이 사람의 총체적 외모를 이룹니다. 이런 것들이 모두 잘 다듬어졌고, 어긋나지 않으며, 지나치지 않고, 일반적인 관행에 맞는 것이라야 합니다. 머리와 얼굴을 일반적 관행에 어긋나지 않게 다듬는 것은 나 자신의 품위를 갖출 뿐만 아니라 다른 사람에 대한 예를 나타내는 것입니다. 머리와 몸의 냄새가 나지 않도록, 입에서 악취가 나지 않도록, 손톱이 길지 않도록, 지나치게 치장하지 않도록 해야 합니다. 공식 모임에는 남녀 모두 보수적인 복장을 하고 갑니다. 될 수 있으면 서양식 양복에 넥타이를 착용합니다. 남자는 약간 흐린 검은색, 회색, 감색의 보수적 정장을 합니다. 여성도 역시 검은색, 감색에다 흰 블라우스를 입는 게 보통입니다. 윗도리

는 앉아 있을 때를 제외하고는 항상 단추를 하나 이상 잠
그고 입고 있도록 합니다. 방에서 모임을 가질 경우가 있
기 때문에 깨끗한 양말과 손질한 신발을 신고 가야 합니다.

식사 때의 모습

끝으로 식사를 할 때 갖추어야 할 요건에 대해서 알아보
고자 합니다.

식사를 하기 전에 손을 깨끗이 씻습니다. 사람들과 함께
식사를 할 때는 단정한 용모를 갖추어야 합니다. 식사 전
에 식사를 준비한 분이나 초대해 준 분에게 고마운 마음으
로 인사를 하는 것이 예의입니다.

“감사합니다.”
“잘 들겠습니다.”

식사를 할 때 모자를 쓰고 있거나, 몸을 벽에 기대거나,
손을 방바닥에 집고 있거나, 한쪽 발을 뻗치고 있는 것은
식사예법과 어긋납니다.

다음 "먼저 대접해서 하는 섬김"(섬김 방식 4)에서 지적하지만, 어른과 함께 식사할 때는 그분이 수저를 들고 음식을 들기 시작한 후에(어른을 존중하는 뜻에서 잠시 기다렸다가) 나의 수저를 들어야 합니다. 다른 사람의 기분을 중요시하고, 겸손하게 나를 낮추고, 다른 사람의 체면과 편리를 생각하는 마음씨를 나타내는 행동입니다. 이런 짓은 미국 사람들에서 볼 수 없는 동아시아 사람들의 문화적 특성입니다.

식사할 때는 소리를 내지 않아야 합니다. 수저나 그릇이 부딪치는 소리, 씹는 소리, 국을 마시는 소리를 내지 않고, 입안의 음식이 보이지 않도록 해야 합니다. 마음 편하고 즐겁게 식사를 하도록 합니다. 식사가 끝나면 감사하는 마음으로 인사를 합니다.

"잘 먹었습니다. 고맙습니다."
"식사가 훌륭했습니다."

[섬김 방식 3] 존댓말을 사용해서 섬김

어른과 대화를 하거나 편지를 쓸 때 존댓말을 사용해서 섬기는 방식입니다. 존댓말을 사용하는 것은 우리 한국인의 문화적 성향-겸손, 체면, 계층의식, 자기 비하(自己卑下, 자신을 상대방보다 낮춤) 등-이 종합되어 이루어지는 예절이라고 할 수 있습니다.

존경하는 말은 사람의 인격과 품위를 나타냅니다. 바르고 고운 존댓말을 써야 합니다. 친구도 존중해야 합니다. 그래서 친구에게도 말과 행동을 조심합니다. 친구가 싫어하는 말이나 남을 헐뜯는 말은 하지 않아야 합니다.

우리 문화에서는 존경하는 표현이 여러 가지이고 복잡합니다. 어른에게 하는 말, 선배에게 하는 말, 직장의 윗사람에게 하는 말, 경사 때 하는 말, 초상 때 하는 말이 모두 다릅니다.

존경하는 뜻과 정도가 낱말, 구절에 나타나며, 전치사와 후치사로 표현되고, 어미(말끝)와 어두(말 첫머리)에도 나타

납니다. 문장 전체가 존경하는 내용으로 되어 있는 경우도
있습니다.

서양 사람들이 한국어를 배우는 데 가장 어려운 것이 이
존댓말을 배우는 일이라고 합니다. 존댓말은 상대편에게
나를 낮춤으로써 그를 높여 주는 표현입니다. 우리 문화에
서는 사회관계를 이루는 데 있어 상대편을 높이고 나를 낮
추는 관습을 하나의 예절로 지켜 왔습니다.
예절에 대한 가르침을 담은 『예기』에도 이 점에 대해 지
적되어 있습니다(『禮記』, 상 1).

"예라는 것은 자신을 낮추고 남을 높이는 것을 원
칙으로 한다."

존댓말은 대하는 사람의 사회적 위치와 나와의 관계에
따라서도 달라집니다. 존댓말은 크게 두 가지로 나눌 수
있습니다.

1. 상대편을 "높이는 말"
2. 나를 "낮추는 말"

상대편을 높이는 말

낱말(단어)

보기: **말씀**(말), **연세**(나이), **진지**(식사), **병환**(병), **어려우심**(어려움)

말끝(접미어)

보기: **아버님**(아버지), **선생님**(선생), **아드님**(아들), **기사님**(기사), **과장님**(과장), **여러분**(모두), **친구분**(친구), **내외분**(내외), **형제분**(형제), **아버님께서**(아버지가), **선생님께서**(선생이), **하십니다**(한다), **주십니다**(준다), **가십니다**(간다), **입으십니다**(입는다), **계십니다**(있다), **하겠습니다**(하겠다), **여쭈어 드리겠습니다**(말해 주겠다), **전해 드리겠습니다**(전하겠다), **올릴 말씀이 있습니다**(할 말이 있다)

나를 낮추는 말

주로 나 자신과 나의 가족, 나의 편에 속하는 사람들에 대해 낮추는 말을 사용해서 상대편을 높이는 표현입니다.

이런 표현은 한국인을 포함한 동아시아 사람들의 독특한 문화적 관습이고 '언어예절'(言語禮節)입니다. 서양문화에서는 보기 드문 것입니다.

다음은 이런 표현의 보기입니다.

돈아(豚兒: 나의 돼지 같은 아이)

폐사(弊社: 나의 값이 없는 회사)

졸작(拙作: 나의 보잘것없는 작품)

아이놈(나의 대단치 않은 아이)

집사람(나의 집만 지키는 처)

조품(粗品: 내가 주는 값없는 선물)

대화할 때 조심할 점

호칭

어른과의 가족관계, 사회관계, 사회적 지위에 따라 부르는 호칭이 달라야 합니다. 어른을 직접 부를 때, 돌아가신 어른을 부를 때, 나 자신을 어른에게 말할 때 그 호칭이 각각 다릅니다. 그리고 아버지를 직접 부를 때, 다른 어른 앞에서 자기 아버지를 부를 때, 사돈어른을 부를 때, 직장의 윗사람을 부를 때, 모르는 어른을 부를 때 각각 그 호칭이 달라야 합니다.

가장 흔히 사용되는 호칭으로서 다음을 들 수 있습니다.

아버님, 어머님, 형님, 누님, 선생님, 교수님, 부인, 박사님, 위원장님, 과장님, 사회복지사님 등

이런 호칭을 사용하는 데 있어서도 상대편을 존경하는 뜻이 담긴 목소리로 해야 합니다. 즉, '언어예절'을 지켜야 하는 것입니다.

서양 사람들은 주로 어른의 성(姓)에 호칭(선생, 부인, 박사, 목사/신부, 의장, 위원장 등)을 붙여 부르는 데 그치지만, 한국과 다른 동아시아 나라(중국, 일본, 베트남 등) 사람들은 위와 같이 다양한 경어를 사용합니다.

존댓말을 사용하는 데 있어 또 한 가지 유의할 점은 어른이 알아듣기 쉽도록 말하는 것입니다.

전문용어가 아닌 말, 일반 사람이 알아들을 수 있는 말을 해야 하며 존경하는 마음이 말속에 담기도록 조용히 부드럽고 정확하게 말해야 합니다.

어른과 대화할 때 유의할 사항에 대해서 다음 "의논을 해서 섬김"(섬김 방법 7)에서 더 살펴보고자 합니다.

[섬김 방식 4] 먼저 대접해서 섬김

존경하는 분에게 차나 음식을 먼저 대접하고, 도움, 서비스 또는 편의를 먼저 제공하며, 방, 목욕실, 자동차, 승강기에 먼저 드나들도록 함으로써 섬기는 방식입니다.

먼저 섬기는 데 대해서 공자는 다음과 같이 말했습니다 (『예기』, 상 1).

> "무릇 손님과 함께 방으로 들어가는 자는 문마다 손님에게 양보해야 하며 먼저 들어가서는 안 된다."

한국인, 중국인, 일본인은 자동적으로 어른, 선생, 선배, 윗사람을 먼저 대접합니다. 예를 들어, 식사를 하는 데도 어른이 먼저 자리에 앉도록 하며 그분이 식사를 시작할 때까지 기다립니다.

우리 문화에는 고령자와 연소자가 우선적인 대접을 서로 주고받는 아름다운 관습이 있습니다.

부모는 자녀에게 어릴 때부터 맛있는 것, 건강에 도움이 되는 것, 좋은 것을 우선적으로 제공해 주지 않습니까? 대다수 부모는 이 세상을 떠날 때까지 물질적으로 또 정서적으로 자기들을 희생하면서까지 자녀를 우선적으로 돌보아 주고 있지 않습니까?

우리는 또 어린이, 임산부, 장애인에게도 먼저 승강기나 방을 출입하고, 먼저 서비스를 받도록 편의를 보아 줍니다. 친구와 이웃에게도 이런 편의를 보아 줍니다. 친구와 이웃을 좋아하고 아끼고 존중해서 그러는 것입니다. 이렇게 다른 **사람에게 나의 편리를 양보하는 것**이 우리 문화에서는 하나의 미덕으로 되어 있습니다.

모름지기 섬김은 그 대상이 모든 사람, 심지어 동식물까지를 사랑하는 인애(仁愛)에 바탕을 둔 '측은지심'에서 시작됩니다. 측은지심은 다른 사람을 딱하게 여기고, 나의 몸을 사리지 않으면서 남을 돌보는 마음씨입니다.

이와 같이 섬김은 어른에 대한 것으로부터 젊은이에 대한 것으로 확대됩니다. 앞으로 넓은 사랑으로 **어른과 젊은 사람이 서로 섬기는 노력**이 더해져야 하겠습니다.

어른과 젊은 사람을 다 같이 섬겨야 하는 데 대해서 맹자는 다음과 같은 말을 했습니다.

> "아랫사람이 윗사람을 공경하는 것을 귀귀(貴貴)라 하고 윗사람이 아랫사람을 공경하는 것은 존현(尊賢)이다. 이 뜻은 같다."

이와 같이 맹자는 이 두 가지의 공경(섬김)은 그 의의(意義: 뜻과 중요성)가 다 같다고 했습니다[用下敬上 謂之貴貴 用上敬下 謂之尊賢 貴貴尊賢 其義一也](『孟子』, 萬章章 句下 3).

이 말은 윗사람 존경과 아랫사람 존경은 무게가 같음을 뜻합니다. 서로 섬기는 관계의 중요성과 마땅함을 지적하는 말입니다.

서양 사람들은 일반적으로 어른과 고령자에 대한 관심과 존경심이 우리 동아시아 나라 사람들보다 약합니다.

그들의 생활패턴은 평등사상을 바탕으로 이루어져 있습니다. 예로, 식사 때 모두 함께 기도를 하고 나서 모두 동시에 식사를 시작하는 관습에 젖어 있는 것입니다. 그래서 어른이 먼저 들고 젊은이가 나중에 드는 절차가 필요 없게 됩니다.

그러나 사회적 내면을 들여다보면 이들도 역시 장소와 경우에 따라 어른과 고령자에게 우선적 대접을 하고 있습니다. 고령자, 여성, 어린이, 장애인 그리고 초대한 손님에게 승강기를 먼저 타도록 하고, 문을 먼저 나가도록 하는 겸손과 양보의 예절을 흔히 보여 주고 있습니다.

서양 사람에게 승강기를 먼저 타고 내리도록 하면 그렇게도 고마워합니다. 존중을 받기 때문입니다. 그들은 동양 사람의 이렇게 겸손하고 양보하는 제스처를 보고는 고마워하고 동양인의 장점이라고 칭찬합니다.

동아시아 사람들과 서양 사람들 사이에 우선적 대접을 하는 데 있어 이러한 차이점이 있습니다. 이것을 **문화적 차이**라고 합니다. 그러나 이런 차이는 정도의 차이입니다.

우리 사회도 다문화 사회로 변하고 있는데 이런 문화들 사이의 차이를 이해해야 하겠습니다.

[섬김 방식 5] 윗자리를 드려서 섬김

존경의 뜻을 나타내는 **자리** 또는 **장소**나 **역할**을 제공해서 섬기는 방식입니다. 윗자리 또는 가운데 자리, 난로 옆자리, 시원한 자리, 따뜻한 방, 편리하고 도움이 되는 곳을 제공하여 존경의 뜻을 나타냅니다. 그리고 명예로운 역할(보기: 모임에서 사회를 하고, 식장에서 주례 또는 인사를 하고, 단체/집단의 자문을 하는 것 등)을 하도록 해서 섬기는 것입니다.

『예기』에는 부모를 섬기는 표시로서 윗자리를 제공해야 하며 앉을 자리의 방향도 부모가 원하는 데로 잡아 드려야 한다고 가르치고 있습니다(『禮記』, 상 1; 하 12).

윗자리를 제공해서 섬기는 것은 오래된 우리의 전통적 생활예절입니다. 효를 장려하고, 계급의식이 강하고, 의식(儀式)과 형식을 중요시하는 동아시아의 전통적 관습입니다. 우리 문화에서는 집터, 묏자리, 건물 자리 등 특정한 자리를 정하는 데 많은 힘을 들입니다. 풍수지리설에 대한 믿음이 아직도 깊습니다. 젊은 사람에게도 어른 또는 고령자가 이 방법을 사용해 주는 경우가 있습니다. 예를 들어,

부모/어른은 자녀/젊은이의 생일날, 졸업을 축하하는 모임, 자녀/젊은이가 주도하는 가족회의 등에서 그에게 가운데 자리를 제공해 주어 축하의 뜻, 그의 역할과 책임을 존중한다는 뜻을 전해 주는 것입니다.

모임이나 연회에서 손님들 중 제일 윗자리에 있는 사람에게 창문을 바라보는 가운데 자리를 권합니다. 이것도 역시 윗사람을 존중하는 방식입니다.

청소년도 집 안팎에서 각종 모임에 참석하는 경우가 있기 때문에 위와 같은 관습에 대해 알아 두는 것이 좋습니다.

[섬김 방식 6] 생일축하를 해서 섬김

생일(생신, 탄생일)과 특별한 가족행사에서 축하를 하여 섬기는 방식입니다. 2,500여 년 전에 공자는 부모의 탄생일을 잊지 않고 축하해야 한다고 다음과 같이 말했습니다 (『논어』, 4, 21).

> "자녀는 부모의 연세를 늘 기억하고 있어야 한다.
> 한편으로는 오래 사시는 것을 기뻐하고 한편으로는 연로하신 것을 두려워해야 한다."

부모와 가족원, 그리고 친근한 분들의 생일을 맞이하여 그분들에 대한 존경, 애정, 친근함을 표시하고 앞으로 건강하게 잘 사시도록 축원하는 뜻이 담겨 있는 섬김 방식입니다.

생일축하는 우리나라뿐만 아니라 거의 모든 나라와 문화에서 행해지는 예절입니다. 다만 종교적으로 생일축하가 금지되어 있는 일부 사회, 예를 들면 사우디아라비아 같은 이슬람 사회는 예외입니다.

웃어른의 생신날을 맞아서 가족이 모여 색다른 음식을 장만해서 대접하며, 평소에 좋아하시는 것을 선물하여 즐겁게 해 드리고 장수를 축원하는 가정행사를 치릅니다.

이런 때 어린 사람들은 부모가 조부모에게 이와 같이 효
도하는 것을 보고 배울 수 있습니다.

회갑

가족행사 가운데서 부모님의 60회 생신(회갑/환갑)은 중
요한 축하행사입니다. 생명이 연장됨에 따라 70회(고희),
80회(팔순), 90회(졸수) 생신도 이제는 가족에 따라 60회
생신에 못지않게 정중히 축하합니다. 다수 가족은 60회 생
신을 간략하게 축하하고 오히려 70회 생신을 더 크게 축하
하고 있습니다.

부모님의 회갑을 맞이하는 자녀들은 잔치를 해서 부모에
게 축의와 경의를 표하고 장수를 기원합니다.

회갑을 맞는 부모님을 방 한가운데 모시고 자녀들은 연
령순으로 절을 합니다. 자녀가 절을 하고 나면 부모의 형
제, 조카, 친구가 절을 합니다.

이런 예가 행해지는 가운데 전통음악이 연주되고 노래를
부르며 여흥도 하여 손님들이 음식을 즐기도록 권합니다.

생신선물로는 좋은 음식, 의복, 건강에 관한 책, 돈, 부모
님이 좋아하시는 물건을 드리고, 효도여행을 주선해 드리
기도 합니다.

생신은 한 해 더 고령이 되시는 부모님에게 일생의 전환점이 되는 시점입니다. 그래서 가족원들은 이때를 축하하는 겸 나이를 더하신 부모님을 위로하는 뜻에서 축하행사를 합니다. 이렇게 축하하는 것은 자녀를 키우는 데 많은 노력과 희생을 하신 그분들에 대한 고마움과 애정을 정서적이고 행동적으로 뚜렷하게 나타내는 과시적 효과가 있습니다.

부모의 생신뿐만 아니라 다른 가족원들의 생일도 축하합니다. **어린이의 생일, 소년의 생일, 젊은 성인의 생일도** 부모를 비롯한 가족원들 모두가 함께 기뻐하며 축하하는 날이지요. 이들의 앞날을 축복하고 이들을 길러 주신 부모님에게 감사하는 축일입니다. 생일을 축하하기 위한 파티를 열고 생일을 맞는 이의 친구들을 초청합니다. 의복, 일용품, 책, 운동기구, 돈 등을 선물로 줍니다.

무엇보다도 정성을 들여 너그럽게 축하하는 마음을 가져야 하지요. 그럼으로써 참다운 축하의 표현이 자연스럽게 행동과 태도로 나타날 수 있는 것입니다. 그리고 가족원의 입학, 졸업, 승진, 출산 등 뜻있는 일을 축하하기 위해서 크고 작은 모임을 갖습니다. 직장의 윗사람, 은사, 선배를 위해서도 축하행사를 합니다.

손님을 초대하여 규모가 큰 생일축하를 하는 경우 아래

와 같이 준비를 해야 합니다.

1. 먼저, 행사를 할 날짜, 시간, 장소를 한두 달 전에 가족회의를 열어 정함
2. 준비할 것들(음식, 어른과 아이들의 복장/옷, 초대장, 장소예약, 여흥, 축사 등)의 명단을 작성하고 준비 작업에 들어감
3. 초대할 분들(생일을 맞는 이와 가족의 친지, 동료 등)을 정하고 초대장 또는 전화로 정중하게 초청함

* 행사순서

식사-약력소개-헌화-축가-송시-여흥 등을 정합니다. 축사를 할 분도 정합니다. 그리고는 행사를 위한 예산을 세우지요.

요사이 호텔, 회관, 기타 행사장에서 축하를 하는데 이런 행사장에는 행사담당자가 있어 이들이 행사진행방법과 절차를 알려 줍니다. 이런 절차를 내가 계획하는 행사의 특성에 맞게 조정할 수 있어요.

어린이 생일

아기가 탄생한 후 100일이 되면 축하를 합니다. 아기와 산모가 탈이 없이 생존한 데 감사하여 음식을 차려 놓고 삼신할머니에게 고마워하고, 가족과 친척이 모여 축하합니다. 백일 떡은 백 사람이 나누어 먹지요. 아기의 생명을 길게 한다는 믿음에서 하는 겁니다. 떡을 받아먹은 사람은 실꾸리를 아기에게 선물하는데 이 실도 아기의 생명을 길게 한다는 뜻을 담고 있습니다.

아기가 첫 생일(돌)을 맞이할 때도 이와 비슷한 축하행사를 하지요. 돌맞이 아기가 상 위에 늘어놓은 실, 책, 공책, 붓, 잉크, 돈을 집도록 해서 이들 물건 가운데서 돈을 집으면 부자가 되고, 붓이나 책을 집으면 학자가 된다고 짐작하는 것입니다.

이 행사에 참석한 사람들은 돈, 옷, 금가락지를 아기 부모에게 줍니다. 참석자들은 떡을 선물로 받지요. 떡은 장수와 행복을 의미합니다.

이런 민속적인 관습이 아직도 비교적 널리 실행되고 있습니다.

[섬김 방식 7] 의논을 해서 섬김

개인적인 일, 가정에 관한 일, 지켜야 할 관습과 의식 등에 관해서 어른의 자문을 받거나 어른에게 충고를 해 주시도록 청함으로써 섬기는 방식입니다.

이렇게 의논을 함으로써 어른과 젊은 사람이 다 같이 혜택을 볼 수 있습니다. 젊은이는 경험, 지식, 지혜를 쌓은 어른으로부터 필요한 정보와 도움을 받을 수 있고, 어른은 젊은이를 도와줌으로써 보람을 느끼고 자기가 쓸모가 있음을 인정받는 데 대해 만족하게 됩니다.

고령자도 젊은이에게 특정한 주제에 관한 의견을 묻고 그것이 도움이 되면 받아들입니다. 이와 같이 의논을 통해서 두 세대가 서로 돌볼 수 있습니다. 그래서 자녀/젊은이는 부모님/어른에게 다음을 실천하는 것이 바람직합니다.

* 자주 이야기하는 시간을 갖는다.
* 다정하고 편안하게 대화를 한다.
* 말씀에 귀를 기울인다.

* 어른이 가지시는 특별한 관심사를 조용히 새겨
  듣고 잊어버리지 않는다.
* 말씀의 내용을 이해하려고 노력한다.
* 묻는 말씀에 분명하게 차근차근 대답한다.
* 어떤 일에 대해서 자세한 설명을 해 주시도록 부
  탁드린다.
* 중요한 말씀은 메모지에 적어 둔다.
* 말씀이 잘못되어 따르기 어려울 때는 공손하게
  부드러운 소리로 받아들일 수 없다고 말씀드릴
  수 있다.
* 말씀해 주신 데 대해 감사한다.

『논어』(16, 10)에는 다음과 같이 의논에 대한 공자의 말
이 있습니다.

  "군자에게는 아홉 가지 생각하는 일이 있느니라.
  듣는 데는 총명하게 듣기를 생각하고, 말은 성실
  하게 하기를 생각하고, 의심나는 것에는 묻기를
  생각해야 한다."

그리고 『예기』(하, 12)에는 자녀는 크고 작은 일을 막론하고 부모에게 물어서 처리해야 한다고 되어 있습니다.

이런 말은 모두 가정생활과 사회관계에서 노소세대가 서로 의논하고 서로 충고와 자문을 주고받아야 함을 알려 주는 것입니다.

친구와도 여러 가지 일들에 대해 의논할 수 있습니다. 친구와 의논하는 데 있어서도 위와 같은 점들을 참고로 해야 하지요.

의논을 하는 데 중요한 조건은 **대화**(communication)를 원만히 하는 것입니다.

대화를 할 분에게 알기 쉽도록 말해야 합니다. 그분으로부터 도움을 청하는 입장에 있기 때문에 공손한 태도로 교양 있는 말을 해야 하지요. 말은 나지막하고 조용한 음성으로 부드럽게 해야 됩니다. 그러면서도 분명하게 정확히 의견을 전달해야 하지요. 자기를 유식한 체하면 실례가 되고 대화가 순조로이 진행되기가 어렵습니다.

어른과 대화나 교신을 할 때는 언제나 존댓말을 사용해야 됩니다.

의논을 할 분을 처음 만나면 그분을 불러야 하는데 이때 그분에게 해당되는 호칭을 사용해야 합니다.

집안 어른을 부를 때, 직장의 윗사람을 부를 때, 선생을 부를 때, 성직자를 부를 때, 잘 모르는 어른을 부를 때 각각 그 호칭이 달라야 합니다. 앞서 제시한 바와 같이 흔히 사용되는 호칭으로서 아버님, 어머님, 선생님, 부인, 목사님/신부님/스님, 박사님, 위원장님, 사장님, 상무님, 과장님 등을 들 수 있습니다. 이러한 호칭을 사용하는 데도 또한 존경하는 마음으로 부드러운 목소리로 해야 됩니다.

서양 사람은 상대편에게 경의를 나타내는 데 주로 어른의 성(이름이 아닌)과 호칭(선생, 부인, 박사, 목사/신부, 의장, 위원장 등)을 붙여서 부르는 데 그치지만, 우리는 앞서 '존경 방식 3'에서 논한 여러 가지의 존댓말을 사용합니다.

의논할 분과 처음 만날 때 또 한 가지 조심할 점은 그분을 잘 알고 있는 사이라도 예의 바르게 인사를 해야 합니다.

외모를 단정히 하고 절을 합니다. 그분이 악수를 청하면 악수를 하면서 절을 합니다. 그리고는 자기의 이름과 용무를 알립니다. 그분에게 관심을 보이고, 그분의 활동이나 업적에 관한 일을 한두 가지 물어봅니다. 나 자신의 이야기만 하지 않습니다. 의견을 말하는 것은 좋지만 자기를 높이거나 남을 비판하지 않아야 합니다. 그분이 말하는 도중에 끼어들거나 그분의 말을 중단시키지 않아야 하지요.

그리고 그분의 이야기를 듣는 자세도 중요합니다. 비스듬히 앉아 듣거나 턱을 괴고 듣는다든지 몸을 흔들거나 다리를 놀리면서 듣는 짓은 존중하는 자세가 못 됩니다. 바르고 공손한 자세로 그의 말을 이해하고 있다는 반응을 보이면서 들어야 합니다.

유의사항

『논어』(季氏篇 16편 6)에는 다음과 같은 공자의 말이 있습니다.

> "군자를 모실 때 세 가지의 과실(잘못함)이 있을 수 있다. 말이 미치기도 전에 먼저 말을 꺼내는 것은 조급함이오, 말이 미쳤는데도 말하지 않음은 숨김이오, 안색을 살피지 않고 말함은 눈치가 없는 것이니라."

2,500여 년 전에 공자가 지적한 이런 잘못은 현대인이 어른과 대화하는 데 있어서도 조심해야 하는 '언어 에티켓'에 관한 것 입니다.

의논을 할 대상은 대개의 경우 나보다도 사회생활과 전문직에서 더 오랜 경험을 쌓았고 더 많은 지혜와 통찰력을 가진 분입니다. 이런 분에게는 정중하게 예를 표해야 합니다.

먼저 "요사이 평안하십니까?"라고 인사를 하고 그분의 활동이나 업적을 존중한다는 말을 한두 마디 해야 합니다. 그리고는 용건을 말합니다.

일단 대화가 시작되면 나의 마음을 열고 내가 상의할 사항에 대해서 솔직하게 말합니다. 대화에서 존경을 나타내는 방법은 그분의 말을 귀담아 듣는 것입니다. 그분의 지도를 받기 위해 의논하는 것이기 때문입니다. 그분의 말의 요점을 메모해 두는 것이 좋습니다. 질문이 있을 때는 질문을 해도 좋겠느냐고 양해를 구한 다음 겸손하게 질문합니다.

대화를 할 때 필요에 따라 다음과 같은 말을 할 수 있습니다.

"감사합니다."
"미안하지만 .....을 해 주십시오."
"그래도 좋습니다."

친구와 상의하는 경우에도 그의 경험과 지혜를 나를 위해 활용하고자 하는 것이기 때문에 (반말을 쓰지만) 겸손하고 존중하는 마음으로 그의 말을 들어야 합니다. 상대편이 말을 하면 바로 대응해서 말하면 실례입니다. 그래서 상대

가 말을 하면 그의 말을 계속 듣기 위해 마음속에서 하나
에서 열까지 세는 것도 하나의 참고 듣는 방법이 될 수 있
습니다.

다음에 고령자와 대화할 때 특히 유의할 점들을 들어 보
겠습니다.

고령하신 분은 말하는 것이 흔히 더디고 한 말을 되풀이
하며 어떤 점에 대해 길게 이야기하는 경향이 있습니다.
어른이 말하는 것이 답답하고 지루하여도 그분을 섬기는
뜻에서 긍정적으로 이를 받아들여야 하지요.

그리고는 다음과 같은 사항을 유의할 필요가 있습니다.

〈대화할 때 유의할 사항〉

* 약속시간을 지킵니다.
* 대화에 앞서 의논할 어른에게 존경하는 칭호를
  사용해서 정중히 인사합니다. 잘 모르는 분에게
  는 나의 직업, 지위, 출신학교 등을 알립니다.
* 나의 명함 또는 쪽지(이름, 전화번호, 이메일, 연
  락처를 적은)를 그분에게 두 손으로 드리고 그분
  의 명함을 받을 때도 두 손으로 받습니다.

* 의논을 할 사항을 말합니다.

* 부드러운 말씨로 조용히 말합니다.

* 쉬운 말로 천천히 조리 있고 정확하게 말합니다.

* 전문용어를 사용하지 않습니다.

* 존경하는 마음이 말에 담기도록 공손히 말합니다.

* 어른이 말할 때 귀를 기울입니다.

* 어른이 하는 말을 이해하기 위해 노력합니다.

* 어른이 말하는 도중에 끼어들지 않으며 어른이
  말을 끝낼 때까지 기다립니다.

* 인내심 있게 말을 듣습니다.

* 질문할 때 그분의 양해를 정중히 구합니다.

* 대화 도중 자리를 떠야 할 때는 그분의 양해를
  구합니다.

* 어른의 청력을 파악해서 내가 할 말의 크기와 속
  도를 조절합니다.

* 대화를 마치면 끝낸다고 말한 다음 인사를 하고
  자리를 떠납니다.

* 그분의 사무실이 아닌 곳에서 의논을 하는 경우
  에는 그분이 먼저 자리에서 일어나 떠나도록 기

다립니다.

　위의 사항들은 어른과 고령자와 면담이나 전화를 할 때 유의해야 할 점들입니다. 우리의 문화적 맥락에서는 이러한 사항들을 지켜 가면서 존경을 표하는 것이 예의로 되어 있습니다.

　일상생활에서 전화를 해서 의논하는 사례가 많아졌습니다. 전화의 단점은 상대편의 표정과 동작을 볼 수 없는 것입니다. 그러나 직접 만나서 이야기하는 데 못지않게 상대편과 나 자신의 마음가짐과 태도에 신경을 써야 합니다.

　상대편이 전화를 받으면 그에게 인사를 하고 자기를 소개합니다. 상의할 일이 있음을 알리고 내가 상의할 사항에 대해서 그분의 의견을 말해 줄 수 있는지를 물어봅니다. 의논에 응해 줄 의사가 있다고 하면 고맙다고 한 후 위의 적은 사항들을 머리에 두고 대화를 진행합니다(전화를 하는 경우에는 통화할 요건을 미리 정리해 둡니다). 대화가 길어지면 상대편의 시간 사정을 묻는 것이 좋습니다. 의논이 끝나면 정중히 고맙다고 합니다.

[섬김 방식 8] 보살핌으로 섬김

존경하는 분의 마음을 편히 해 드리고, 몸을 보살펴 드림으로써 섬기는 방식입니다.

마음속에서 우러나는 정성으로 보살펴 드리고, 걱정해 드리고, 기쁘게 해 드리고, 안락하게 해 드리고, 불안감을 해소해 드리고, 마음에 상처를 주지 않고, 자주 만나 드리고, 시간을 함께 보내고, 개인적인 케어를 해 드리고, 음식을 장만해 드리고, 집안일을 돌보아 드리고, 교통편을 제공해 드리고, 보건의료서비스를 주선해 드리고, 용돈을 드림으로써 섬기는 방식입니다. 따라서 이 방식은 정서적인 섬김은 물론 수단적(또는 물질적)인 섬김도 함께 하는 것입니다. 이 방식을 실천하기 위해서 다음을 행할 수 있습니다.

* 항상 부모님에게 고마운 마음을 가집니다.
* 부모님에게 걱정을 끼치지 않습니다.
* 부모님과 자주 이야기를 나눕니다.
* 부모님 말씀을 귀담아 듣습니다.
* 부모님을 즐겁게 해 드립니다.

* 부모님의 은혜를 갚기 위해 공부를 열심히 합니다.

* 부모님의 심부름을 해 드립니다.

* 집 안을 청소하고 정돈해서 부모님의 수고를 덜어
  드립니다.

* 부모님이 외출하실 때 집을 잘 봅니다.

* 부모님이 바쁘실 때 도와드립니다.

* 동생을 돌보고 공부도 도와줍니다.

* 위험한 짓을 하지 않고 부모님을 안심시켜 드립
  니다.

사람의 한평생을 보아 부모와 자녀 어느 편이 섬김을 더 많이 받았을까요? 아마도 자녀가 부모보다도 훨씬 더 많이 받았을 것으로 봅니다. 갓난아기 때부터 성인이 될 때까지 긴 세월 동안 자녀는 부모의 보살핌과 지원을 받아 오지 않습니까? 아니 부모님은 세상을 떠나실 때까지 자녀를 돌보시려 나머지 에너지까지도 바치고 계시지 않습니까?

부모로부터 받은 섬김은 끝이 없고 한없이 넓고 깊습니다. 따라서 이 방식에서는 부모가 오히려 자녀를 더 섬기는 격이 된다고 봅니다.

사람을 보살핀다는 것은 그가 필요로 하는 정서적 돌봄

과 수단적(외면적 또는 물질적) 서비스를 함께 제공해서 섬기는 것입니다. 즉, 보살핌은 마음과 몸을 다 같이 섬기는 방식입니다.

사람들이 서로 돌보며 살아나가는 데 있어 서로에게 지켜야 하는 매우 고귀하고 중요한 예절입니다.

보살핌의 뜻

우리 문화에서 강조되어 온 대표적 가치는 인(仁)입니다. 인은 사람을 넓게 사랑하는 인간애(人間愛)를 뜻합니다. 인의 기본적인 가치는 측은지심(惻隱之心)에 담겨 있습니다.

측은지심은 남을 딱하게 여기고 남의 어려움을 나누어 가지고, 물에 빠진 사람을 보면 뛰어들어 살리고, 남의 배고픔을 나의 배고픔으로 아는 남을 섬기는 이타적(利他的) 가치입니다.

다른 사람을 돌본다는 것은 이러한 측은지심의 발로이지요. 즉, 그에게 관심을 가지고, 그의 인격을 존중하고, 그의 복리를 걱정해 주고, 그가 필요로 하는 것을 제공해 주며 그를 섬기는 것입니다.

그래서 섬김은 사람과 사람 사이의 관계를 유지하는 데 가장 중요한 요소이며 인간관계를 끈끈하게 만드는 접착제 역할을 합니다.

예절의 가장 중요한 조건이 바로 사람을 섬기는 마음씨와 행동이지요. 그런데 섬김은 보살핌/돌봄을 내포하고 있습니다.

내면적 차원과 외면적 차원

부모에게 어떻게 효를 하면 좋겠느냐고 한 제자가 공자에게 질문하자 그는 다음과 같이 말했습니다.

> "요즈음은 부모에게 음식만 제공하면 되는 것으로 안다. 하지만 개와 말에게도 먹을 것을 주지 않는가. 부모를 존경하며 대접하지 않는다면 사람과 짐승 사이에 무슨 차이가 있겠는가(『논어』, 위정, 7)."

위의 답변에 나타나듯이 물질적인 대접뿐만 아니라 마음에서 우러나는 존경을 하는 것이 중요하다는 것입니다. 사람의 마음과 몸을 함께 보살펴야 함을 지적한 말이지요.

『예기』(상 1; 하 12)에는 부모를 정서적(내면적)이고 수단적(외면적 또는 물질적)으로 섬기는 데 관해 다음과 같이 구체적으로 기술되어 있습니다.

"아들은 부모를 즐겁게 해 드려야 하며 그들의 의
사에 어긋나는 언행을 해서는 아니 되며 이분들
이 즐거운 것을 보고 듣도록 해야 하며 편한 잠자
리를 제공해야 한다. 아침에 일어나면 아들 부부
는 부모의 거실에 가서 문안을 드리고 공손한 말
로 그분들의 의복이 따뜻한가, 불편한 곳은 없는
가 알아보고 만약 고통스럽거나 불편한 점이 있다
고 하면, 이를 해소해 드려야 한다. 그리고 그분들
이 원하는 음식을 대접해야 하며 그 음식은 맛이
있고, 신선하고, 연하고, 향기로운 것이라야 한다."

이 구절에는 섬김의 정서적인 면과 물질적인 면이 통합
되어 있습니다.

섬김의 구분

〈내면적 섬김〉

내면적/정서적 섬김을 나타내는 항목으로서 다음의 보기
를 들 수 있습니다.

* 가족원들이 대화를 해 드리는 것
* 가족원들이 친밀한 관계를 가져 드리는 것
* 가족원들이 관심을 가져 드리는 것
* 안전한 느낌을 가지도록 해 드리는 것
* 존경해 드리는 것
* 사회적 대우를 해 드리는 것
* 생활을 만족하도록 해 드리는 것
* 행복감을 가지도록 하는 것
* 고독감을 갖지 않도록 해 드리는 것 등

〈외면적 섬김〉

외면적 섬김은 아래와 같은 수단적/물질적인 것을 제공하는 것으로서 고령자가 신체적으로나 경제적으로 의존적인 처지에 있을 때를 고려하여 구분해 본 것입니다.

* 용돈을 드림
* 건강유지를 위한 서비스를 제공함
* 여가활동을 하도록 지원함

* 음식을 제공함

* 의료를 주선해 드림

* 주택/살 집을 마련해 드림

* 물건을 구입해 드림

* 약 복용을 도와드림

* 세수, 옷 가라입는 것 도와드림

* 집안일을 돌보아 드림

* 목욕, 용변을 도와드림

* 외출을 도와드림

* 취미활동을 도와드림

* 취업을 주선해 드림

이런 물질적이고 수단적으로 하는 섬김은 내면적 섬김에 못지않게 필요한 것입니다.

그런데 내면적 섬김과 외면적/물질석 심김은 서로 연계되어 있어 외면적 섬김을 하면 내면적 섬김도 어느 정도 할 수 있다고 봅니다.

그러나 경우에 따라서는 두 가지 섬김은 별개로 보아야 합니다. 아무리 많은 물질을 제공하여도 내면적/정서적인 성과를 못 올리는 경우가 있습니다.

사회가 부유하게 되고 사회복지제도로부터 많은 혜택을
받게 되면 사람들은 물질적 섬김보다도 정서적 섬김을 더
원하게 될 것으로 봅니다.

내면적 섬김의 중요성

섬김은 사람과 사람 사이의 인간관계 속에서 이루어집니
다. 다른 사람을 측은지심으로 섬기지 않고서는 그 사람을
위해서 진정한 보살핌과 서비스를 해 줄 수 없다고 봅니다.
이 점은 부모와 자녀 관계에서도 마찬가지입니다.

* "아들은 부모의 건강을 특별히 걱정해야 한다
  (『논어』, 이인, 19)."
* "부모가 즐거워하는 것을 들려주고 보여 주도록
  해야 한다(『예기』, 1권, 1장)."
* "부모의 생신을 맞이해서 그분들이 한 해 더 늙으
  신 것을 가엾게 여겨야 한다(『논어』, 4권, 21장)."
* "부모의 죽음을 애도하는 데 형식에 치중하는 것
  보다 마음속으로 슬퍼하는 것이 더 중요하다(『논
  어』, 3권, 4장)."

위의 말은 가족 내에서 부모 자녀 간에 지켜져야 할 예절을 설명해 줍니다.

우리의 문화권에서는 다른 사람을 보살핀다는 것은 곧 인(仁)을 실천함을 의미합니다. 앞서 지적한 바와 같이 인은 사람과 사람이 인간애를 교환하는 것이며 모든 사람을 대하는 데 있어 실천해야 하는 보편적인 가치입니다.

의료와 사회복지를 담당하는 병원이나 사회복지시설에서 서비스제공자들이 환자나 고객을 보살피는 데 있어 내면적 자세를 갖추는 것은 매우 중요합니다. 질이 좋은 치료와 서비스를 제공하기 위해서는 치료자가 따뜻한 심정으로 환자와 클라이언트를 맞아 주고 그들을 인격을 지닌 소중한 사람으로 대하고, 그들의 개인적인 생활 스타일과 신조를 존중하는 마음의 자세, 즉 내면적인 차원을 먼저 갖추어야 하는 것입니다.

이들 필요조건은 현대사회에서 서비스제공자가 지켜야 하는 전문직적 의무입니다.

우리는 섬김의 내면적인 차원과 외면적인 차원을 합쳐서 고객/환자에 대한 기본적인 예절을 지킬 수 있어야 하겠습니다.

[섬김 방식 9] 순종을 해서 섬김

존경하는 분의 말을 따르고 그분의 말에 귀를 기울임으로써 섬기는 방식입니다. 이 섬김 방식은 많은 가족이 이미 일상적으로 사용하고 있습니다. 다음은 이런 섬김의 보기입니다.

* 부모님의 말씀을 받들어 따릅니다.
* 부모님 말씀에 귀를 기울여 듣습니다.
* 부모님 말씀의 뜻을 새기려고 노력합니다.
* 부모님 말씀을 따르기 어려운 때는 나의 생각을 부드럽게 말씀드려 이해하시도록 합니다.

가정생활에서 하는 순종은 부모님을 섬기고 그분들이 평생 쌓아 오신 경험과 지혜를 존중하여 개인의 일, 가족원들의 일, 가족이 지켜야 할 관습 등에 관한 의견과 충고를 받아들이고 따르는 것입니다.

또 하나의 방식은 그분의 말씀을 귀담아 듣고 이해하려고 노력하는 것입니다.

개인의 인권을 존중하고 모든 사람이 동등한 권리를 가지는 현대사회에서도 대다수 한국인들이 가정과 사회집단에서 이 관습을 지키고 있습니다.

공자는 부모의 말을 따르는 데 관하여 다음과 같이 말했습니다(『예기』, 상 1).

> "부모의 의사에 어긋나는 언행(말과 행동)을 해서
> 는 안 되며 이들이 즐거운 것을 보고 듣도록 해야
> 한다."

동아시아 문화에서는 부모를 비롯하여 친척 어른, 선생 등 연고자의 말을 따르는 것을 하나의 덕행으로 여겨 왔습니다.

오랜 세대에 걸쳐 이런 행동에 가치를 부여해 오다가 이제는 하나의 문화적 관습이 된 것으로 봅니다.

순종이란 존중하는 분의 의사와 내가 받드는 집단의 이념과 지시를 따르는 것으로 다음과 같은 유형으로 나누어 볼 수 있습니다.

- 어른의 말 또는 지시를 따름
- 내가 받드는 집단의 뜻을 따름
- 법과 사회규정을 따름
- 종교의 교리를 따름
- 내가 한 서약을 따름
- 배우자의 말을 따름

• 고용주의 지시를 따름

우리는 순종과 관련된 역사적 변화에 대해서 알고 있어야 합니다. 우리의 조상은 왕(임금)에게 무조건 충성을 강요당했습니다. 임금에 대한 충성이 부모에 대한 효보다도 더 위에 있었습니다. 전제주의적 정치체계하에서 위계적인 사회체계가 유지되었고, 그 체계 아래서 군주와 권력자에 대한 무조건적인 순종이 행해졌습니다.

이러한 체계하에서도 부모에 대한 효는 그 성질이 달랐습니다. 효는 나를 낳아 주시고 키워 주신 부모의 은혜에 감사하고, 이 막중한 은혜를 갚기 위해 자녀가 행하는 인간의 천성(天性)에서 우러나는 자연적 행위인 것이기 때문입니다.

새 시대에는 통치자와 권력자에 대한 복종과 부모에 대한 순종을 구별해야 합니다. 통치자와 권력자에 대해서는 그들의 행실이 부당하다고 판단할 때는 복종하지 않을 수 있게 되었습니다. 투표행위를 포함한 정치사회적 수단으로 이런 불복종을 실행할 수 있게 된 것입니다.

부모님의 말씀이나 지시도 무조건 순종해야 하는 것은 아닙니다. 예기(禮記)에는 부모님의 말씀이 도저히 받아들일 수가 없을 경우에는 자녀는 그분들에게 이견(다른 견해)을 제시할 수 있다고 했습니다. 이것을 부모님에게 간(諫)을 하는 것이라고 불렀습니다(『예기』, 하 12). 그러나 자녀는 간을 하되 어디까지나 공손하고 부드럽게 부모님의 말씀에 그릇된 점이 있음을 말씀드려야 한다고 덧붙였습니다.

어른에게는 자기들이 지켜야 할 책임, 의무, 올바른 행위가 있고, 자녀에게도 그들이 준수할 책임, 의무, 올바른 행위가 있는 것입니다. 이렇게 서로가 상대편이 기대하는 의무와 행위를 수행할 책임이 있습니다.

오늘날 진보적인 어른은 무조건 젊은 사람들에게 순종을 요구하거나 기대하지 않습니다. 자기들 스스로 젊은 사람들의 모범이 되고 이들에게 도움이 되는 일을 해서 이들이 자기를 따르도록 하는 것입니다.

이렇게 해서 젊은이의 마음에서 우러나는 순종을 받는 것입니다. 즉, 순종을 사는 것입니다. 세대 간의 관계가 서로 돌보는 평등한 방향으로 진전됨에 따라 이렇게 어른 측에서 순종을 사는 방식은 시대적 변화에 맞는 것이라고 볼 수 있습니다.

순종과 예의

전통적으로 가족원들 사이의 관계가 부모를 중심으로 세대, 연령 및 성별에 따라 조정되었습니다.

가족원들은 가장과 고령의 가족원을 존경하고 그분에게 순종했던 것입니다.

이렇게 하는 것이 가정의 규율이며, 어린이는 이 규율을 지키도록 어릴 때부터 가르쳐졌던 것입니다. 규율은 사회 구조를 이루는 하나의 필수적인 요소입니다. 규율은 어릴 때부터 받아온 자제된 행동을 말합니다. 부모-특히 어머니-는 어린아이에게 사랑을 베풀면서 올바른 행동과 규율을 지키도록 상과 벌을 주면서 가르칩니다. 이런 사회화 과정에서 아이는 어머니의 요구와 기대에 순종하는 버릇을 기르게 됩니다.

자라서 학교에 가면 계속 이런 규율을 지키고, 착한 행동을 하도록 교육받습니다. 사람으로서 지켜야 할 예의범절(禮儀凡節)은 이런 과정을 통해서 테두리를 갖추게 되는 것입니다.

한국을 포함한 동아시아 나라들에서는 지금도 이러한 가정에서의 사회화와 학교에서의 예절교육을 서양사회보다 더 적극적이고 의무적으로 하고 있습니다. 그래서 서양 사람들과 비교하면 동아시아 사람들은 어른에게 더 순종하는 성향을 가집니다.

시대의 변화에 따라 순종해서 하는 섬김 방식이 점차 수정되고 있습니다. 싱가포르 대학의 메타 교수(Mehta, 1997)는 싱가포르에서는 어른에 대한 순종/복종의 표현이 친절과 공손으로 변하고 있다고 했습니다. 그리고 대만, 필리핀, 태국 등 동아시아 나라들을 조사한 미시간 대학의 잉거솔-데이톤과 상티엔차이 교수들(Ingersoll-Dayton & Sangtienchai, 1999)은 어른의 이야기를 귀담아 듣는 것을 어른을 존경하는 방식으로 삼고 있다고 했습니다. 그리고 한국에서 조사를 한 Sung(성규탁)과 Kim(김한성) 교수들(2003)도 어른의 말을 귀담아 듣는 것과 어른과 의논하는 것을 존경 방식으로 보는 경향이 있다고 했습니다.

앞으로 세대 간의 대등하고 공평한 관계 속에서 대화가 널리 행해지면 이런 수정된 순종 방식이 더 널리 사용될 것으로 봅니다.

근년에 일어나고 있는 이러한 변화는 새로운 시대적 동향을 반영하고 있다고 봅니다.

[섬김 방식 10] 이웃을 섬김

이웃의 어르신과 주민을 보살피고 돌봄으로써 섬기는 방식입니다. 가족 중심적으로 행해졌던 효는 가족의 역을 넘어 이웃 나아가 넓은 사회의 어른과 일반인을 돌보고 지원하는 폭이 넓은 섬김 방식으로 발전합니다.

공자는 2,500여 년에 벌서 어른 섬김의 실천범위를 확대하여 가족이 아닌 이웃과 사회의 어른도 섬겨야 한다고 다음과 같이 말했습니다.

> "가족 내의 어른을 존경하듯 다른 가족에 속하는
> 어른들도 존경해야 한다(『효경』, 2)."

가족의 한계를 넘어 이웃과 사회의 모든 사람에게 예의 바르게 행동할 것을 촉구한 말입니다.

가족이 적어지고 흩어져 살며 많은 가족의 자체 지원능력이 약해지고 있는 오늘날의 현실을 보아 이웃공동체가 이제는 가족을 지원하는 사회복지체계를 갖추어야 할 필요성이 커졌습니다.

다행히 우리 사회는 경로일과 경로주간을 지키고, 어른들의 인권, 지위 및 안전을 위한 규칙을 준수하고, 지역사회 경로서비스와 경로운동을 추진하고, 고령자의 사회활동 참여를 위한 기회를 확대해 가고 있습니다. 그리고 버스나 지하철에서 자리를 어른에게 양보하고, 무거운 것을 나르는 고령자를 돕고, 고령자에게 차편을 제공하는 등의 개인적인 이웃 섬김도 하고 있습니다.

젊은 사람이 고령자를 섬기는 도리는 측은지심에서 시작되는 것이며, 이 관계는 사회체계를 인간화하고 안정시키는 '접착제' 역할을 합니다.

퇴계가 말한 바와 같이 부모 자녀 간의 윤리적 관계는 '자(慈)'와 '효(孝)'의 두 가지 덕(德)을 실천함으로써 이룰 수 있습니다. '자'는 부모가 자녀에게 인자스럽게 베푸는 것이고 '효'는 자녀가 부모를 섬기며 돌보는 것입니다.

이러한 "서로 돌보는 부모 자녀 관계"가 바로 현대 한국인이 발전적으로 재조명해서 이웃과 사회로 확대해야 할 과제라고 봅니다.

오늘날의 시대적 흐름은 권위주의적이고 일방적인 인간관계로부터 남녀노소가 서로 존중하며 돌보는 호혜적 섬김으로 전환하고 있습니다.

개개 가족의 생활형편, 자조(自助, 스스로 돌보는)능력, 응집력이 다르기는 하지만, 한국 가족들의 공통점은 의무적으로 서로 돌보아 나가고 있는 점입니다.

아울러 이웃의 복리를 위하여 이웃과 지역사회의 자원을 활용하는 방안을 개발해 나가야 하겠습니다. 사회적 지원망은 이를 위한 긴요한 자원입니다. 지원망은 친척, 친구, 이웃, 사회단체/그룹과 필요할 때 서로 도와 나가는 수단이 됩니다.

아울러 지역사회 내의 개인, 가족, 집단, 단체가 가지는 다양한 자원을 활용하여 지역 내의 고령자와 가족이 필요로 하는 서비스를 제공하는 종합적인 사회복지사업이 더 광범위하고 다양하게 전국 방방곡곡에서 개발되어 운영되어 나가야 하겠습니다.

우리는 이와 비슷한 사업을 한 역사적인 경험을 가졌고 지금도 전국 곳곳에서 비슷한 노력이 진행되고 있습니다.

좋은 예로 향약(鄕約)과 계(契)를 들 수 있습니다.

대유학자인 퇴계는 일찍이 가족 중심의 효로부터 이웃 중심으로 그 범위를 확대하고자 향약(鄕約)을 입조(立條)해서 지역사회를 위한 구제사업의 길을 열었습니다. 그리하여 가족은 물론 이웃공동체의 여러 사람이 서로 섬기는 모법을 보여 주었습니다. 이런 전통을 거울삼아 새 시대의 이웃 섬김을 위한 사업을 발전시켜 나가야 하겠습니다.

오늘날 고령자의 욕구는 크게 늘어나고 있습니다. 서비스의 양과 질을 다 같이 높여야만 이분들의 욕구를 충족할 수 있을 것입니다.

구체적 방안으로서 사회복지기관은 노부모와 가족이 호혜적 관계를 형성하도록 돕는 한편, 서비스를 다양화하고, 이분들이 정상적인 심리적 및 신체적 상태를 유지하도록 도와야 하겠습니다.

이분들의 비상금 및 활동비에 대한 욕구는 사회활동 욕구와 연관 지어 생각할 수 있습니다. 복지기관은 지방정부기관, 노인능력은행, 직업안내소, NGO와의 긴밀한 협력관계를 이루어 이분들에게 고용기회를 제공함으로써 경제적 형편의 호전을 도모하는 한편, 고령자의 특성에 맞는 자원봉사프로그램을 개발함으로써 활동욕구를 충족토록 노력해 나가야 하겠습니다.

서비스 활용에 영향을 미치는 요인들은 서비스에 대한 정보 부족, 고령자들의 신체 기능상의 문제, 사회적 고립, 교통문제 등일 수 있습니다. 복지기관은 이런 문제를 해소해 드리는 한편 고령자들에게 서비스에 대한 정보를 제공하는 동시에 지역사회 및 관련기관들과 협력하여 이분들을 욕구충족에 적합한 서비스와 연결해 주어야 하겠습니다. 또한 서비스프로그램을 활용할 수 없는 분들을 위해서는 집을 직접 찾아 돕는 추적서비스를 제공해야 할 것입니다.

고령자들의 욕구는 매우 다양하기 때문에 많은 서비스프로그램을 개발해서 그 종류와 내용을 다양화할 필요가 있습니다.

지금까지의 노인복지는 노부모를 부양하는 가족에게 일차적 책임을 지도록 한 후 거기에 필요한 보충적인 혜택만을 제공해 왔습니다. 핵가족이 많이 늘어나고 부모와 자녀가 따로 사는 가족이 많아졌음을 고려할 때 고령자부양의 일차적 책임을 소가족에게만 지도록 하는 데에는 문제가 있습니다. 따라서 가족의 영역을 넘어서 보다 넓은 이웃과 사회에 뻗어 나간 현대적 섬김을 실천하기 위해서 이웃이 지역사회 및 국가와 연계하여 상호 보완적 기능을 수행하는 방향으로 나가야 할 것입니다.

제2부

논설

효와 가정

효 교육은 학교를 다니기 전에 가정에서 시작하는 것이 효과적이라고 한다. 가정을 사회화(社會化)의 장으로 해서 발달단계에 있는 아동에게 효에 대해 일깨워 주기 시작하는 것이다. 즉, 가정에서 일상생활을 해 나가는 동안 어른들의 칭찬, 상, 통제, 벌을 받으면서 부모와 형제자매가 보여 주는 본보기에 따라 자연스럽게 배워 나갈 수 있게 하는 것이다.

효는 말로나 글로 지식을 전달하는 데 그쳐서는 충분치 못하며 일상생활 속에서 실천과 체험을 하는 것이 중요하다. 조부모와 부모가 함께 계셔 효를 실천할 대상을 갖춘 가정이면 이를 위한 좋은 조건이 된다.

가정에서 아버지와 어머니가 조부모에게 그리고 형과 누이가 부모에게 효행하는 것을 보고 이를 따라 하면서 자라는 것이 바람직한 것이다. 즉, 이와 같이 참여하여 보고 배우면서 실천을 시작하는 것이 중요하다(이연숙, 2011). 그러나 이런 조건을 갖추지 못할 경우에는 따로 사는 친족(결혼한 형과 누이, 큰아버지, 큰어머니, 작은아버지, 작은어머니 외 집안 어른 또는 이웃 어른, 학교선생님)을 효행의 대상으로 모실 수 있다. 이분들이 조부모와 부모의 역할을 대행해 주는 것이다(이런 방법을 적용하기가 불편하면 효행을 연출하는 비디오를 통한 지도도 가능하다고 본다). 이와 같이 효는 가정을 중심으로 배우기 시작하며 가정을 장으로 실천해 나가는 것이다.

도덕성의 함양

우리 사회에서는 효에 대한 가르침은 전통적으로 품성(인격)개발을 겸한 도덕성 교육의 중심을 이루어 왔다. 이 교육이 가정에서의 사회화로 시작하여 학교에서의 교육을 통해서 기틀을 잡게 되는 것이다. 도덕성은 아동이 도달하고자 하는 자아 이상과 옳고 그름을 판단하는 양심을 담고 있다.

자아 이상은 부모와 어른의 행위를 동일시함으로써 획득하게 되며, 양심은 옳은 행동을 칭찬, 포상하고 잘못된 행동을 힐책, 벌함으로써 수치와 죄의식을 느끼도록 하는 부모의 통제에 의해 형성된다(임진영, 2003; 김경희, 2003; Lewis, 2005).

이렇게 도덕성을 간직하기 시작함으로써 다른 사람을 존중하고, 그의 사정을 배려하고, 그에게 봉사하고, 그에 대한 예의범절을 지키며, 부모에게 효도하는 정의를 품는 친사회적 행동을 하게 되는 것이다(이희경, 2010: 161; 김인자 외, 2004).

이 과정에서 부모, 특히 어머니의 양육방식이 커다란 영향을 미친다(임진영, 2003; 심미옥, 2003). 권위 있는 부모는 현실적 기준을 세워 지켜야 할 규칙을 알려 주고, 애정적이지만 단호하게 보상과 벌을 주면서 이 규칙을 값있는 것으로 느끼고 따르도록 이끈다. 성숙해지는 자녀는 부모와 형·누이가 제시하는 규칙은 정당하고 합리적이므로 이를 존중하고 이의 권위를 인정하며 따르게 된다(한국청소년개발원, 2011: 352; 김인자 외, 2004).

이와 같이 부모를 위시한 형제자매와 호의적이며 애정적인 인간관계를 유지하면서 지속적으로 도덕적인 사회적 기술을 배워 나가게 되는 것이다(한국청소년개발원, 2011: 386;

Rice, 1984: 481-494).

자라나는 사람들을 위한 효 교육은 이러한 과정을 통해서 친사회적이고 도덕적인 생활기법을 전수하는 방법이라고 본다.

도덕성 발달을 하는 데 결정적 시기는 소년기(10~12세)부터이다. 따라서 학교교육이 매우 커다란 영향을 미치는 시기에 진행된다.

학교와 효 교육

오늘날 가족원 수가 적어져 가족이 아동을 사회화하는 능력이 약화됨에 따라 경로효친 교육(효 교육과 같은 뜻을 담고 있음)을 위한 학교의 역할이 더욱 중요하게 되었다.

초·중학교에서는 윤리 도덕성의 증표인 경로효친과 관련된 도덕 교과를 편성하여 교육하고 있다(교육과학기술부, 2011-361호).

초등학교(3~6학년)에서는 기초능력배양과 생활습관 형

성을 목표로 세우고 있다. 도덕 교과서에서는 도덕 및 바른생활과 관련된 단위들로서 부모의 은혜, 가정의 고마움, 자녀의 도리, 가족의 역할, 이웃과의 생활, 노인에 대한 존경(존댓말 쓰기, 인사하기)과 공경(경로봉사), 형제자매 간의 우애, 예절의 정신과 방식, 조상에 대한 보은과 제례, 가정의례(명절문화), 효의 실행 등의 내용이 반영되어 있다. 국어, 사회과, 음악, 미술 등의 교과서에서는 단편적으로 경로효친과 관련된 내용이 담겨 있다.

중학교(1~3학년)에서는 효도-예절 영역에서 가정생활, 친구관계, 이웃존중에 관한 내용이 포함되어 있다. 주로 생활상의 규범에 대한 이해와 규범에 따라 행동하려는 동기를 강화하는 데 중심을 둔다. 사람 된 도리로서 효를 행하는 것이 마땅하다는 당위(當爲)와 관련된 내용이 다루어진다.

종합해서 위와 같은 도덕교육을 통해 이루고자 하는 목표는 인간의 삶에 필요한 도덕규범과 예절을 익히며, 도덕적 사고력과 판단력, 실천의지 및 실천능력을 함양하는 데 있다(교육과학기술부, 2011-361호).

시정을 요하는 점

이러한 내용을 갖춘 학교교육은 일반적으로 효에 대한 이해와 지식을 전달하는 것으로서 효를 생활화하는 데 필요한 습관의 형성까지는 못 미치는 경향이다. 습관의 형성은 교실 밖 가정과 사회에서 이루어지는 것이다.

그래서 우리나라 도덕교육은 주로 도덕성의 지식적 측면을 다루고 정서적 측면이나 행동적 측면은 소홀이 하고 있다는 걱정 소리가 나오고 있다(청소년개발원, 2011: 161).

교과내용을 보면 부모의 '은혜'에 대해 설명하는 단위들이 많고, 은혜를 갚을 '의무(당위)'를 강조하는 단위는 적다.

오늘날 생활스타일의 급격한 변화에 따른 가족의 연대의식 약화 때문에 부모와 가족원에 대한 책임의식이 매우 중요한 과제로 등장하였다. 이를 고려하여 보은과 책임의 두 가지 주제의 밸런스를 이루어야 할 필요성이 있다.

도덕과의 주당 수업 시수가 초등학교의 경우 2시간에서 1시간으로 축소되고, 중학교와 고등학교의 경우도 역시 축

소되었다고 한다. 그리고 내용영역도 5개에서 4개로 줄었다는 것이다(윤현진·추병환·정창우, 2009). 도덕교육에 대한 사회적 기대가 증대하고 있는 요즘 수업 시수가 오히려 늘어나야 할 텐데 걱정이 된다.

유감스러운 것은 이들 교과내용에 등장하는 효행의 대상이 되는 고령자들은 대부분이 젊음과 늙음이 대조되는-따로 된, 격리된-구도로 등장되고 있는 점이다. 늙음은 어둡고, 침체되고, 과거지향적인 것으로 교과서에 반영되어 있는 것으로 보고되고 있다(전미경·김정현, 2008).

즉, 교과서에 등장하는 고령자는 매우 획일적이고 비현실적인 상으로 그려져 있다. 흰머리, 주름살, 굽은 등, 안경, 지팡이를 사용하며 한복, 보따리, 수염, 쪽진 머리 등을 가진 인물로 묘사되고, (변화가 느린, 편리하지 않은) 시골에 사는 과거의 이야기를 하는 인물상으로 흔히 나타난다.

이러한 노인상은 오늘날 길에서, 지하철에서, 마트에서, 등산길에서, 자원봉사장에서 볼 수 있는 활동적인 고령자들의 모습과는 다른 것이다.

물론 교과서의 내용을 어떻게 지도하느냐에 따라 학생에게 미치는 효과가 다를 수 있다. 선생님들의 역할이 중요하지만, 시대의 변화에 맞는 효 실천에 대한 지식·행동·습관을 키우기 위해서는 교과내용이 지속적으로 수정, 보완되어야 할 것으로 본다.

효의 실천행동

무엇보다도 효의 내용을 체계적으로 분류해서 효를 행하는 구체적 행동을 알려 주어야 하겠다. 아울러 각자가 처해 있는 가정의 사정과 생활 환경적 조건에 따라 이런 행동을 실천할 수 있다는 점도 알려 줄 필요가 있다.

지금까지 효는 막연하고 구체적이지 못하게 전해져 젊은 사람들이 효를 이해하고 실천하는 데 필요한 눈으로 볼 수 있는 분명한 행동을 제시해 주지 못했다.

효 실천행동의 분류에 대해서는 이 책 제8장에서 논의하지만, 우선 간단히 효의 행동유형을 소개하면 다음과 같다. 한국인은 아래와 같은 행동들로 부모에게 효도하는 것으로 저자의 경험적 조사들에서 나타났다(성규탁, 2005; 2010: I~V).

부모를 존경함

부모에 대한 책임을 수행함

부모 은혜를 갚음

부모 중심으로 가족화합을 이룸

부모를 위해 희생함

부모를 동정함

가족의 영속을 도모함

못다 한 일을 보상함

종교적 믿음에 따름

가족의 체면을 유지함 등

이들 실천행동 하나하나를 지적하는 지표들이 있다. 예로 부모 존경은 다음과 같은 항목(지표)들로 나누어진다.

인사를 함

존댓말을 사용함

외모를 갖춤

윗자리를 드림

먼저 대접함

보살펴 드림

순종을 함

의논을 함

생일축하를 해 드림

선물을 드림

음식대접을 함 등

이 실천행동들 중에는 어린 사람들이 할 수 있는 것이 있고 또 하기 어려운 것도 있다. 각자 그때그때의 사정, 능력, 성숙도 그리고 생활주기에 따라 실천 가능한 행동을 찾아 실행할 수 있다.

그리고 자라나는 사람들에게 이해시켜 줄 점은 효는 자녀로부터 부모에게로 일방적으로 실천되는 것이 아니라 부모와 자녀가 서로 주고받는 호혜적(互惠的, 서로 혜택/도움을 주고받는)인 것이라는 사실이다. 효가 이와 같이 세대 간에 도움을 주고받는 가치임을 알려 주고, 효는 평등성과 공평성이 있으며 민주주의 사회의 생활문화에 맞아 들어가는 가치임을 이해시켜야 하겠다.

다시 말해서 윗사람은 아랫사람에게 사랑으로 베풀고 아랫사람은 윗사람을 받들고 돌보는 주고받는 관계를 중요시하는 문화적 가치임을 깨닫게 하는 것이다.

바람직한 방향

초등학교 저학년에서는 효를 지도할 때 아동의 도덕성 발달 과정을 고려하여 부모의 자애(慈愛)에 대한 초보적인 보답으로서 '고마움(감사)'의 표현에 초점을 두는 것이 타당하며 의무와 책임을 강조하는 '당위'에 관한 지도는 상급학년에 가서 이지적이고 도덕적인 성향이 발달한 후 다루는 것이 바람직하다고 본다.

따라서 **"어머님, 아버님, 나를 돌보아 주셔 고맙습니다"**와 같은 부모 은혜에 감사하는 비교적 쉬운 표현에서부터 시작함으로써 효행 동기를 싹트게 할 수 있다고 본다. 어린 학생들이 자율적으로 가치판단을 하도록 도와주는 것이 중요하다. 자기도 부모의 사랑에 감사하며 은혜를 갚을 수 있음을 알고, 스스로 효도하는 것이 옳고 중요함을 깨닫고, 이를 내면화하도록 유도하는 것이다.

인격적 감화

공부에는 글공부, 마음공부, 공부한 것의 실천 세 가지가 있다. 경로효친에 관한 글공부는 이루어지고 있는데 효에 관한 마음공부와 실천에서는 한계가 있는 것으로 보인다.

교사-학생 간의 신의 있고 온정스러운 인간관계를 통한 생활지도로서 효에 관한 마음공부와 실천이 이루어지는 것이 바람직하다. 이를 위해 인격적 감화가 매우 중요하다고 본다.

대화와 체험을 통한 교육

비위계적이고 평등한 인간관계를 지향하는 오늘날의 우리 사회에서는 어떠한 가치를 일방적으로 주입하는 식의 교육보다는 학생들에게 자신의 가치를 형성하도록 인도하는 노력이 필요하다고 본다. 이러한 노력을 통해 학생들이 효를 이해하고 실천하도록 이끄는 방법으로서 대화(의견을 주고받고, 복수의 사람이 토론을 하는)를 통한 지도가 바람직하다.

대화를 통해서 효의 중요함과 값짐을 깨닫고 이를 가치로서 습득하고 간직해 나가도록 이끄는 것이다. 대화를 해서 효에 대해 평소 잘 알지 못한 점, 갈등을 가졌던 점 그리고 부모와 자녀의 특별한 관계, 부모의 사랑은 자녀가 태어나서부터 그분들이 이 세상을 떠날 때까지 계속된다는 점, 자녀도 이분들을 사랑하고 존중해야 하는 의무, 어린 사람도 늙게 되며 늙으면 그도 효를 받게 된다는 사실, 그리고 효는 가족뿐만 아니라 이웃을 돌보는 넓은 사랑의 실천이라는 데 대해 자유롭게 논의하고 이를 통해 각자의 개인적 마음을 먹도록 인도하는 것이다. 이러한 교육을 위해서 다음 방법들을 활용할 수 있다고 본다. 먼저 위에서 제시한 효를 실천하는 여러 가지 행동유형이 있음을 알려 준다. 이 행동들을 각자가 처해 있는 사정에 따라 선별적으로 또는 종합해서 아래 방법들을 실행하는 과정에서 직·간접적으로 실천할 수 있음을 이해시킬 수 있다.

경로효친행사

효행실천사례 소개, 효행상수상자 소개, 경로웅변대회, 경로글짓기, 효와 관련된 가훈소개 등 행사를 수시로 열 수 있다. 가정의 달(5월)과 각종 경로행사가 열리는 10월,

특히 어버이날 전후에 이런 행사를 개최하여 학생들이 이를 참관토록 해서 효 실천을 권장하는 교육적 효과를 높일 수 있다.

경로교실 운영

학생들이 고령자들을 직접 모시고 대화와 공동활동을 하여 고령자에 대한 이해를 높이고, 경로하는 기회를 가지도록 한다. 특히 고령자는 많은 경험과 지혜를 갖춘 쓸모 있는 사람들이라는 사실을 깨닫도록 하는 것이다. 그리고 소외당한 고령자를 인간애를 발휘하여 따뜻하게 대우하는 기회도 가지도록 한다(이런 목적을 위한 프로그램을 다음 제6장에서 소개한다).

역할놀이

역할놀이는 다른 사람의 감정과 태도에 대한 민감성을 발달시키며 자아개념을 향상시켜 준다. '실제연습'이라고도 하는 이 방법으로 효에 대한 새로운 생각과 행동을 경험하고, 새로운 사회적 역할을 이해, 체험할 수 있도록 한다. 나아가 효에 대한 자신의 과거 생각과 행동을 비판하고 새로운 역할을 배우는 기회를 가지게 한다.

클럽활동

효도하기, 경로하기, 노인요양원방문 등을 청소년클럽이 추진하도록 하여 경로효친 실천을 위한 사회적 환경을 조성할 수 있다.

훈화와 생활지도

이 방법으로 학생들이 필요로 하는 효의 가치를 이해시키고 실생활에서 효행을 습관화하도록 지도할 수 있다.

개인별 지도

가정과 학교가 함께 협력하여 남임신생과 학부모가 하생의 일상생활에서 효와 관련된 일기장 또는 생활카드를 작성하도록 하여 효를 포함한 덕목을 실천하는 과정을 공동으로 점검하면서 이를 이해, 실천해 나가도록 인도한다.

이웃돕기

이웃과 동리의 어려운 노인을 찾아 일을 도와드리는 경로를 위한 자원봉사활동에 참여하도록 한다.

자리 양보

버스, 지하철 등 교통수단을 이용할 때 고령자를 비롯하여 장애인, 임산부, 어린이에게 자리를 양보하고, 먼저 타고 내리도록 한다. 이러한 행동을 하도록 하여 효의 가치인 이웃사랑을 함양한다.

위와 같은 활동들은 어디까지나 학생들과 고령자 사이의 소통을 장려하는 데 중심을 두어야 하겠다. 핵가족화하고 떨어져 사는 가족이 늘어남에 따라 고령자와 연소자가 상호 교환하는 기회가 줄어들었다. 세대 간에 소통할 기회가 드문 현실을 보아 이러한 활동을 할 기회를 마련할 필요성이 크다.

고령자와 학생들이 한자리에서 어떤 공통된 목표를 향해 인간적인 접촉과 교환을 하면서 서로 이해하고 도와주는 사이에 고령자의 지혜와 경험을 학생들이 획득, 활용하는 기회를 갖도록 할 수 있다. 이런 기회를 통하여 학생들로 하여금 고령자가 가족과 집단의 값있는 구성원이라는 사실을 깨닫게 하고, 고령자를 가족과 사회에 통합하는 계기를 마련하며, 무엇보다도 이들에게 효를 실천하는 기회를 제공할 수 있다(다음 제6장에서 이러한 계기를 마련한 프로그램의 사례를 소개한다).

경로효친을 일방적으로 연소자에게 주입하는 방안보다도 고령자가 가정, 이웃, 사회의 값있는 구성원임을 이들에게 이해시키고 체험토록 하는 기회를 만들어 나가야 하겠다. 즉, 위에 열거한 행사들에 노소가 함께 참여하고, 아울러 졸업식, 입학식, 학예회, 이웃봉사에도 함께 참여토록 하여 노소가 서로 소통하는 기회를 마련하는 것이다.

이러한 기회에 고령자도 공동사회의 정상적인 구성원으로서 이웃과 사회, 국가를 위해 계속 기여해 나갈 수 있다는 이미지를 젊은이에게 심어 주는 노력이 필요하다. 고령자는 동정과 돌봄을 받기만 하는 사람이 아니라 연소자에게 베풀 수 있는 사람이라는 사실을 알려 주는 것이다. 즉, 새로운 노인상을 보여 주는 것이다. 우리는 민주사회에서 살고 있다. 세대 간의 관계도 이제는 젊은이 개개인의 평등과 자유, 그리고 인권을 존중하면서 이루어져야 하겠다. 고령자도 새 노인상을 형성할 필요가 있다. 이를 위해 고령자는 다음과 같은 점을 고려해야 할 것으로 본다.

젊은 사람들의 인격과 자유를 존중해 주고, 책임 있는 부모와 윗사람이 되고, 젊은 사람들과 조화로운 관계를 유지하고, 이들로부터 받은 도움에 감사하고, 이들에게 애정을 표시하고, 이들이 가지는 어려움에 동정하고, 이들을 보살피고, 지원하는 노력이 필요한 것이다. 세대 간에 인간애를 발휘하며 서로 섬김을 실현하는 것이다.

이러한 노력을 통해서 시대적 변화에 알맞은 세대관계로 발전해 나가는 한편, 이웃과 공동사회의 지원과 정부가 개발하는 사회보장 및 복지사업을 통합해서 종합적인 사회복지체계로 발전시켜 나가기를 바란다.

한국적 전통과 인간존중

한국인은 역사적으로 인간존중을 지향하는 섬김 문화 속에서 살아왔다.

단군신화의 홍익인간 이념에서 발원하여 신라, 고려, 조선 시대를 거쳐 근대 동학의 인내천 사상에 이르기까지 줄 곧 사람을 하늘같이 중히 여기는 인간존중문화의 줄기찬 역사적 흐름이 이어진다.

인간애(人間愛) 그 자체를 뜻하는 인(仁)은 이러한 한국의 고유한 역사적 흐름과 융합되었다. 사람을 사랑하는 태도와 행동은 남을 섬기는 우리의 성향과 생활방식을 길러 왔다.

산업화·도시화되고 민주화되어 사회구조가 변하고 있지만 한국인은 여전히 전통문화로부터 커다란 영향을 받고 있다.

공자(孔子)의 사상에서 일관된 것은 바로 인(仁)이다(『論語』, 慰靈公). 사람을 사랑하는 마음을 품고 이를 행동으로 실천하는 것이 행인(行仁)이다. 사람을 사랑하고, 너그럽게 대하고, 겸손하고, 존중함(섬김)으로써 인을 실천하는 것이다.

서로 섬기는 인간관계에서는 너와 내가 안심하고 지낼 수 있으며 서로 다르면서도 원만한 관계를 가질 수 있다.

가족과 사회집단에는 위와 아래, 어른과 연소자, 선배와 후배의 계층이 있다. 우리는 아직도 이런 위계적 사회에서 살고 있어 윗사람과 아랫사람을 구별해서 섬기는 데 신경을 쓴다.

습관적으로 부모와 연장자에게 존댓말을 사용하고, 공손한 태도와 행동을 취하고, 언행을 조심하고, 승낙을 받고, 뜻을 존중하고, 좋은 자리를 드리고, 음식을 먼저 권하는 등 앞 장에서 논의한 바와 같은 섬김을 행동으로 표현한다.

이런 행동을 하는 데는 한국인 특유의 겸손과 양보의 덕이 깃들어 있다.

공자의 수제자 맹자는 이르기를 자기 가족 안에서 존경으로 어른을 대함으로써 다른 가족의 어른에게도 같은 대접을 하게 되는 것이라고 했다(『효경』, 금문개종명의장).

이 말은 사람존중은 자신의 부모에 대한 존경으로 시작하여 이웃과 넓은 사회의 어른과 성원들에 대한 존경으로 확대되어야 함을 가리킨 것이다.

경로효친교육은 연소자들이 자신의 부모를 비롯하여 이웃 공동사회의 모든 구성원을 존중하도록 인도하는 인간존중 교육이 되어야 하겠다. 이러한 교육은 어릴 때 가정에서 사회화되고 자라나면서 학교에서 교육받아 가정과 사회에서 실천, 체험해 나감으로써 그 효과를 최대화할 수 있는 것이다.

제6장 | 은혜에 대한 감사

감사와 의무

감사는 부모 은혜에 대한 보답의 첫 번째 표현이며 예
(禮)의 표시이다. 우리의 문화적 맥락에서는 부모에 대한
감사는 어린이 때부터 시작된다(김경희, 2003: 44~75).

한 살 된 어린아이도 어머니가 잠깐 밖에 나갔다가 돌아
와 안아 주면 그렇게도 반가워한다. 아이가 자라서 초등학
교에 들어가면 철이 들기 시작하여 은혜를 베푼 사람에게
감사하려는 의욕을 가지게 된다. 이어 성장하는 과정에서
부모와 선생은 아이에게 다른 사람으로부터 받은 도움에 감사
하도록 권장한다. 받은 은혜에 대하여 '고맙다'는 말을 하도록
사회화(社會化)하는 것이다. 이것이 사람을 섬기는 예를 행하는
시발점이라고 볼 수 있다(김경희, 2003; Hashimoto, 2004).

소년기와 청년기에 들어서는 감사의 표현이 점차 복잡해

진다. 그리하여 성숙한 사람으로서 도덕적인 시각에서 받은 사랑을 이해하고 이에 대한 감사를 사회적 기대에 맞게 표현하게 되는 것이다(김경희, 2003: 44~75, 195~209; Rice, 1984: 481~494). 감사하는 마음을 가진 사람은 은혜－사랑, 친절, 돌봄－를 베푼 사람에 대한 의무감을 가지고, 자신이 가진 것을 그와 나누어 가지며, 그에게 도움을 주는 친사회적(親社會的) 행동을 하는 성향을 갖는다(김인자 외, 2008: 646). 이런 행동은 넓은 사랑의 시발이다. 감사는 이렇게 값진 파급효과가 있는 것이다. 감사를 받는 사람은 감사하는 사람에게 도로 감사하는 의무적 교환을 되풀이하게 된다.

우리 문화에 커다란 영향을 끼쳐온 종교는 모두 넓은 사랑을 교시하였다. 불교의 자비(慈悲)는 사욕이 없이 다른 사람의(자신의 가족, 종파 및 나라에 국한되지 않고 모든 중생을 위한) 복리를 북돋워 주는 넓은 사랑이다(나카무라, 1961: 제5장). 기독교의 사랑(agape)도 모든 사람을 위하여 자기를 바치는 넓은 능동적 사랑이다. 유교에서는 넓은 사랑을 뜻하는 인(仁)이 기본적 가치이다. 인은 가정 안에서 부모를 사랑하는 데서부터 이웃 어른에 대한 사랑으로 연장된다. 이런 가치는 사람과 사람 사이에서 지켜져야 할 행동 및 태도, 그리고 의무를 담고 있다.

받은 사랑－은혜－에 대한 감사는 대인관계와 사회적 교

환을 통해서 이루어지며 나와 다른 사람과의 관계를 시작하고 유지하는 데 긴요한 역할을 한다. G. Simmel(2008: 388)에 따르면 감사는 '인류의 도덕적 기억(moral memory)'이다. 사람은 받은 은혜를 기억해 두었다가 감사하는 도의적 행동을 함을 뜻한다. 인간이 마땅히 해야 하는 예를 지키는 것과 같다. 사람들은 사랑을 서로 주고받으면서 감사하는 감정으로 얽힌 친밀한 관계를 맺고 유지한다. 사랑에 대한 감사는 우리로 하여금 이를 베푼 사람에게 행동으로 갚도록 유도한다. 그래서 감사는 도움을 받고서는 이를 갚는 책임성 있고 의무적인 교환관계에 이르게 된다. 이런 교환은 심리적 바탕으로 이루어지지만 그 기능은 사회적인 (사람과 사람의 상호 관계에서 이루어지는) 행동인 것이다. Simmel(2008)은 나아가 받은 도움에 대하여 감사의 심정을 가짐으로써 사람들이 서로에 대한 의무를 수행하는 하나의 사회체계를 이루며, 이 체계는 곧 인간사회의 도덕적인 접착제(cement) 역할을 한다고 했다.

위의 말을 요약하면 감사는 사랑하는 사람에 대한 의무의 수행으로 이끌며, 이 의무수행은 인간관계를 원만하게 할 뿐만 아니라 사회체계를 안정시키는 기능을 한다. 다시 말하면, 사람이 예를 행하면 '너'와 '나'가 서로 믿을 수 있게 되고 안정된 사회관계를 이룩할 수 있음을 시사한다.

부모에게 효도하는 이유가 무엇일까? 그 까닭은 다름이 아니라 부모가 베푼 사랑－은혜－에 대해서 감사하기 때문이다. 그러면 왜 감사를 하는가? 그 이유는 부모는 나를 이 세상에 존재하게 했고, 사랑으로 양육하였고, 교육시켰고, 사회에 진출하도록 도왔기 때문이다. 사람은 은혜를 베푼 사람에게 자연적으로 그 은혜를 갚게 되며 이렇게 하는 것이 문명인의 예의이고 의무인 것이다. 이것이 한국 사람들이 전통적으로 받들어 온 문화적 가치이다.

그런데 부모가 아닌 사람에게도 은혜를 입으면 갚는다. 선생의 경우가 이의 대표적인 예이다. 부모에게 하는 것과 같이 선생에게도 감사하고 섬긴다. 부모는 자녀를 이 세상에 출생시켜 양육하지만, 선생은 이 세상에서 살아가는 데 필요한 지혜와 방법을 가르쳐 준다. 선생에 대한 존경은 유교경전 여러 장에 기술되어 있다. 나를 출생시킨 부모 은혜에 못지않게 생활능력을 길러 준 선생을 높이 섬기는 것이다. 유대문화와 이슬람문화에서도 전통적으로 선생을 매우 존중하고 있다. 이런 자연적이고도 인간적인 반응은 선생이 제자에게 베푼 은혜에 대해 감사하는 것이다. 감사하는 의무수행을 중요시하는 것은 우리를 비롯한 동아시아 사람들에게도 오랫동안 전해 내려온 문화적 특성인 것이다.

보은과 감사

'은혜'를 받은 사람은 은혜에 감사하는 데 그치지 않고 이를 베푼 사람에게 보답하려는 욕망을 품고 이를 갚아야 한다는 의무감을 갖게 된다. 이런 의무감은 외부로부터 강요를 당해서 갖는 것이 아니다. 오히려 이 의무감은 다른 사람으로부터 받은 도움과 돌봄을 깨닫게 됨으로써 마음속에서 저절로 생기는 의무감인 것이다.

부모님과 선생님으로부터 받은 은혜에 대해서도 대개의 학생들은 자라나면서 이를 깨닫고 보답하려는 자연적인 의무감을 가지게 된다(Ryan, 1999; Hashimoto, 2004).

우리나라를 포함한 동아시아 문화권에서는 받은 은혜를 갚는 의무의 수행을 매우 중요시한다. 은혜를 갚을 줄 모르는 사람은 '사람 축에 들지 못한다', '사람으로서 상종할 수 없다', '배은망덕한 자이다' 등의 사회적 비난을 받고 많은 사람으로부터 차별을 당한다. 받은 은혜를 갚는다는 것이 불문율로 되어 있는 것이다.

그런데 효에 관한 가르침을 담은 유교경전에는 부모의 은혜에 대한 보은의 당위성을 지적하는 구절은 많으나 감사함을 구체적으로 표현하는 데 대한 가르침은 희소하다. 이러한 경전의 내용으로부터 영향을 받아서 그런지 우리

한국인은 '고맙습니다'의 표현을 서양 사람과 비교해서 훨씬 덜 하는 경향이다(이와 비슷하게 '사랑한다'는 표현도 역시 서양인들보다 훨씬 덜 하는 편이다). 다른 사람이 나를 위해 해 준 것에 대한 고마움을 느끼고는 있으면서, 다른 사람을 사랑하고 있으면서도, 이런 가슴속에 담긴 감정을 말로써 알려주기를 잘 안 하는 것이다. 아마도 나의 체면을 지키고 감정을 억제하는 성향이 센 우리의 문화적 특성 때문에 생기는 버릇이 아닌가 한다. 의견교환을 중요시하고 정보를 빠르게 교환하는 새 시대에는 '고맙다'라는 개인적인 감정도 장소와 때에 맞게 상대방에게 바로 전달하는 노력이 필요하다고 본다.

'고맙습니다'라고 표현하는 기법

어린이에게 '고맙다'고 말하도록 가르친다는 것은 좀 까다로운 일이기는 하지만, 인생 초기의 교육으로서 매우 중요하다고 본다. 고맙다고 표현하는 것은 배워서 하는 행동이다. 고맙다고 하는 것을 배운 어린이는 남에 대한 감정이입, 다른 사람과의 어울림, 그 밖의 생활기법을 더 잘 발전시켜 나갈 수 있다(Lewis, 2005).

사람은 태어나서부터 고마움을 저절로 알게 되는 것은 아니다(Ryan, 1999). 어린이가 어른으로부터 배워서 알게 되는 것이다.

걸음마를 하는 유아는 완전히 자기중심적이다. 그렇지만 15~18개월이 지나면 고마움(감사)의 개념을 파악하기 시작한다(Lewis, 2005).

어린아이는 다른 사람에게 완전히 의존하는 상태인데, 그는 점차 어머니와 아버지가 그를 도와주는 것을 알기 시작한다. 다시 말해서 그는 그의 부모와 다른 존재임을 이해하고 엄마와 아빠가 그를 즐겁게 해 주기 위해 숨바꼭질을 하거나 비스킷을 주는 등의 행동을 함을 알기 시작한다(비록 그 나이에 감사함을 표시는 못 하지만). 두세 살이 되면 애완동물이나 사람에 대해서 고맙다는 표현을 할 수 있게 된다(Ryan, 1999). Ryan은 자기 딸 Annie가 두 살 때 식사를 할 때 식탁에 앉은 사람들이 돌아가며 감사하다는 말을 하는데 그의 순번이 되면 (감사하다는 말은 못 했지만) 앉은 사람 하나하나에게 손가락으로 가리키는 짓을 하였다. 4세가 되자 Annie는 노리개 같은 물건에 대해서뿐만 아니라 친절, 사랑, 돌봄 같은 정서적인 것에 대한 고마움을 이해하게 되었다.

고맙다고 하는 아이는 한 사람 중심의 세상으로부터 벗어나 그의 부모를 비롯한 주위의 사람들이 그에게 제공하는 도움에 대해서 이해하고 있는 것이다(먹을 것을 주고, 기저귀를 갈아 주고, 노리개를 주는 등에 대한). 한편 고맙다고 하도록 가르쳐지지 않은 아이는 자라서 남으로부터 도움을 당연히 받는 것으로 알고 흔히 실망하는 성향을 가진다(Lewis, 2005).

어린이에게 감사하는 감정을 길러 주면 그 아이가 성인이 되어 덕을 볼 수 있다. 미국의 Emmons와 McCullough 교수들(2008)의 연구에 의하면 감사하는 사람들은 높은 행복감과 낙천주의적 성격을 가지며 우울증과 스트레스를 갖는 경우가 드물다.

어떻게 가르치는가?

어린이는 부모가 하는 짓을 따르게 마련이다. 부모는 어린아이를 위해 무엇을 해 주는 일이 있으면 언제나 "고마워요", "고마워"라는 말을 하도록 해서 이런 표현에 그가 익숙해져 따라 하도록 이끈다. 안아 줄 때도 "안아 주어 고맙다"는 말을 해 주면서 안는다. 이와 같이 일상생활에서 가족끼리 대화할 때 고맙다는 표현을 하도록 일러 주고 따라 하도록 유도해 나가는 것이다.

감사의 성(聖)스러움

위와 같이 은혜에 대한 감사는 문화적 경계가 없다. 서양 윤리학의 대가 T. Acquinas(1981)는 자녀가 어릴 때 부모로부터 받은 은혜는 법적인 빚−받은 액수를 돌려 갚으면 되는 빚−이 아니라 그 빚은 도덕적인 빚이고 감사의 빚이라고 했다. 부모에 대한 감사는 개인의 이익을 바라지 않고 오직 자녀의 안녕을 위해 조건 없이 베풀어 준 은혜에 대한 것이다. 중요한 점은 은혜를 베푼 부모는 이를 돌려받을 기대를 하고 베푼 것이 아니라는 사실이다. 이런 점에서 부모가 자녀에게 베푸는 돌봄은 인간생활에서 볼 수 있는 가장 고귀한 것이라고 할 수 있다.

그런데 우리가 어떤 행위를 한다 해도 그리고 비록 부모가 해 준 바와 똑같은 짓을 한다 해도 부모에 대한 감사는 다할 수가 없는 것이다. 그 넓고, 깊고, 높고, 한이 없고, 조건을 붙이지 않고 제공해 준 사랑과 도움을 자녀는 어떤 방법으로도 모방할 수가 없기 때문이다. 아마도 부모 은혜를 갚기가 그렇게도 어렵다는 점을 가장 의미심장하고 애절하게 지적한 가르침은 불교경전에 담겨 있는 다음과 같은 구절일 것이다.

"가령 어떤 사람이 그 왼쪽 어깨에 아버지를 메고
그 오른쪽 어깨에 어머니를 메고서 살갗이 닳아
뼈에 이르고 뼈가 패어 골수에 이르도록 수미산
을 백천 번을 돌더라도 부모의 깊은 은혜를 아직
능히 갚지를 못 하느니라(『부모은중경』, 2부 정종
분, 3장 광설업난, 147~148; Nicholson, 2000: 9)."

사랑과 은혜를 갚는 첫 번째 행동이 위에서 논한 바와
같이 감사하는 것이다. 독일의 철학자 I. Kant(1964)는 감
사에 대해서 다음과 같이 말했다.

"감사는 우리에게 친절을 베푼 사람을 존경하고
받드는 뜻이 내포되어 있다."

이러한 뜻을 영국의 저명한 윤리학자 W. Blackstone(1856)
은 부모와 자녀의 관계와 연관해서 다음과 같이 말했다.

"부모에 대한 자녀의 의무는 자연적인 정의(情誼)
와 보은(報恩)의 원칙에서 생기는 것이다. 우리를
이 세상에 출생시킨 부모에게 어려서는 당연히
순종해야 하고 자라서는 이분들을 받들고 존경해
야 한다. 우리를 양육하고, 교육시키고, 성장시켜

준 부모가 노쇠해서 도움이 필요하면 우리로부터
당연히 도움을 받아야 한다."

위의 명언(名言)은 부모와 은혜를 베푼 분들에게 감사하
고 돌봄을 제공하는 의무를 수행하는 데 관한 것이다. 즉,
서로 돌봄의 윤리적 원칙을 설명한 것이다. 자녀의 부모에
대한 감사는 부모 은혜에 대한 대가를 치르기 위한 것이라
고 생각해서는 안 된다. 자녀의 감사는 부모가 베풀어 준
그 특수한 은혜의 너그러움에 대해 다만 반응하는 데 불과
한 것이며 그 은혜는 어떤 짓을 해도 갚을 수가 없는 것이
다. 이런 점에서 부모 자녀 간의 돌봄을 주고받는 관계는
참으로 특수한 관계이다. Kant(1964)에 의하면 성인 자녀
가 부모로부터 어릴 때 받은 은혜에 감사할 의무는 영원하
고 성(聖)스러운(heilige) 의무라고 했다. 그는 이 점에 대해
서 다음과 같이 말했다.

"감사는 성스러운 의무라고 생각해야 한다. 그 의
무는 언제나 의무로 남아 있을 때 신성(神聖)하다.
따라서 자기가 받은 친절을 모두 갚는다 해도 그
의무로부터 벗어날 수 없다."

『명심보감』(효자편)에는 그 의무를 수행하기가 그렇게도

어려움을 시사하는 다음과 같은 말이 있다.

"아버지 어머니 나를 낳으시고 애쓰시고 수고하
셨도다. 그 은덕을 갚고자 하는데 그 은혜가 하늘
같이 다함이 없어 갚을 바를 알지 못하도다."

위의 동서양의 명언은 부모가 자녀에게 베푼 사랑과 은
혜가 매우 특수하고 고귀함을 강조하였고 아울러 막중한
부모 은혜를 갚기 위해서는 많은 노력이 필요함을 시사하
는 교훈이다. 이런 노력의 첫 단계 실행이 곧 감사하는 것
이다. 어린 나이에 은혜에 대해 감사한다는 것은 감사 그
자체에 값이 있지만, 이에 못지않게 귀중한 파급효과가 나
올 수 있다. 은혜를 베풀어 준 부모, 선생, 그리고 모든 분
에게 감사할 줄 아는 어린이는 자기 마음을 다루고 다른
사람들과 어울려 긍정적으로 살아가는 능력을 일찍부터 길
러 나갈 수 있는 것이다.

제7장 | 새 시대의 실천방향

우리가 일상생활에서 지켜야 할 윤리(올바른 행동에 대한 원칙)는 사람을 사랑하는 사상에 뿌리를 두고 있다. 인(仁)의 보편적인 뜻은 '사람을 사랑하는 것'이다(『논어』, 12, 안연 22; 『맹자』, 이루장구 上).

공자의 이상(理想)은 인을 실현하는 것인데, 인의 으뜸가는 실행은 '효'라고 했다(동금유, 2010; 『논어』, 학이편 1: 2).

인은 부모에게 효도하고 형제자매에게 우애로울 뿐만 아니라 나의 가족이 아닌 사람들도 널리 사랑하는 가치이다(『논어』, 1, 학이 2, 6). 사랑하는 범위가 이처럼 확대되어 '넓은 사랑'을 뜻한다.

이 가치를 신봉하니 나를 둘러싸고 있는 사람들로부터 우의적으로 인증을 받아 나를 실현하고, 나아가 이들과 서로 돌보는 호혜적 관계를 이룩해 나갈 수 있다(『맹자』, 양해왕장구상 7; 『논어』, 이인 25, 옹야 3, 28).

인의 실행으로서 효의 가치는 한국인의 도의심과 가정윤리의 바탕을 이루며 우리의 가족 중심적 생활양식의 사소

한 부분에 이르기까지 영향을 미쳐 왔다(박종홍, 1960; 채
무송, 1985; 지교헌, 1988; 류승국, 1995; 최근덕, 1995; 송
복, 1999; 신용하, 2004).

우리의 전통적 가정윤리의 기틀을 제시한 대표적인 유학
자로서 퇴계(李退溪: 愰)와 율곡(李栗谷: 珥)을 들 수 있다.
퇴계는 경장자유(敬長慈幼)―연소자(자녀/아랫사람)는 연장
자(부모/윗사람)를 공경하고, 연장자는 연소자에게 인자하
게 베풀 것을 가르쳤다.

그분은 이어 다음과 같이 말했다.

> "부모가 자녀를 사랑하는 것은 자(慈, 인자함)이며
> 자녀가 부모를 섬기는 것은 효(孝)이니 효와 자의
> 도는 천성(天性, 하늘이 주신 인간의 본성)에서 나
> 온다(채무송, 1985: 310; 『효경』, 11장, 부모생적장)."

율곡도 같은 뜻의 말을 했다.

> "남의 아버지는 그의 자녀를 사랑할 것이요, 자녀
> 는 그의 부모를 마땅히 섬겨야 한다(『율곡전서』,
> 권27, 『격몽요결』)."

위의 대유학자들의 말은 부모 자녀 간의 '서로 돌보는'

기본 도리를 분명히 가르쳐 주고 있다. 공자의 수제자 맹자는 세대 간의 서로 돌봄을 다음과 같이 더 구체적으로 설명하였다(『맹자』, 만장장구하 3).

> "아랫사람이 윗사람을 공경하는 것은 귀귀(貴貴)이고 윗사람이 아랫사람을 공경하는 것은 존현(尊賢)이다. 그 뜻은 다 같은 것이다."

이 말은 윗사람을 섬기는 것이나 아랫사람을 섬기는 것은 그 중요성이 같다는 것이다. 부모와 자녀, 노소세대, 연장자와 연소자가 서로-일방적이 아니게-돌보는 것이 귀중함을 시사하고 있다.

위의 선현(先賢)들의 말은 자녀와 부모 사이의 서로 돌봄의 도리와 의무를 가르치고 있다. 즉, 부모는 자녀에게 사랑으로 돌보아야 할 의무가 있고 자녀는 부모를 섬겨야 할 의무가 있음을 시적한 것이다.

이 책에서는 서로 돌봄을 '효'가 뜻하는 바와 같은 것으로 본다(저자는 한국인의 '서로 돌봄'에 관해서 비교적 광범위하게 논의한 바 있다)(성규탁, 2013).

나아가 효의 이념적 바탕인 인은 가족 내의 어른을 공경하듯(親親) 다른 가족에 속하는 어른도 공경하는(仁民) 넓은 '서로 돌봄'으로 확대됨을 가르치고 있다(『효경』, 2; 동금유, 2010).

시대적 과제

위와 같은 효의 기본적 뜻-서로 돌봄-은 예나 지금이나 다를 바가 없겠지만 이를 실행하는 방식에는 변화가 있을 수 있다. 새로운 시대에 맞는 실천방법을 찾아 이의 방법을 활성화할 필요가 있다.

오늘날의 유동적이고 다양화된 사회에서는 구시대에 적용된 효행의 당위성을 훈화적으로 주입시키는 방법은 지양해야 하겠다. 이러한 필요를 감안하여 저자는 새 시대에 실천되고 있는 효의 구체적 실천행동을 경험적으로 조사하였다(성규탁, 2005; 2010: I~V). 즉, 효행의 유형을 계량적으로 분류하여 새 시대의 효행방식과 실천지침을 찾아보았다. 이에 관하여 이 책 제8장과 제4장(어른 존경)에서 논의하였다.

효는 마음에서 우러나서 스스로 실천되어야 한다. 윗사람의 지시에 따라 행하는 식으로는 효를 참답게 실천하기 어려운 것이다. 새 시대에는 위계적이며 권위주의적 의식을 벗어나 상호 존중하며 이웃과 사회로 뻗어 나가는 효를 실천해야 하겠다. 민주화되고 다문화화된 우리 사회에서는 이렇게 할 필요성이 커졌다.

　시대적 변화에 따라 생활스타일이 달라지고는 있지만 부모의 핵가족과 자녀의 핵가족들이 커다란 가족망을 이루어 가족적 '자아의식'과 '우리 의식'을 간직하면서 상호 의존적으로 서로 돌보는 세대관계를 여전히 유지해 나가고 있다. 이러한 문화적 배경을 가진 우리에게 근년에 들어 충격적인 일들이 일어나고 있다. 고령자를 푸대접하고, 차별하고, 학대하는 사건들이 일어나고 있는 것이다.

　이와 같은 시대적 도전을 맞아 넓은 사랑으로의 인(仁)의 가치에 뿌리를 둔 효의 생활윤리를 다시 밝히고 가족과 이웃의 서로 돌봄 관계를 재정립할 필요성이 커지고 있다.

변화와 적응

　개개 가족의 생활형편, 자조(自助)능력, 응집력이 다르기는 하지만, 한국 가족들의 공통점은 대다수가 상호 의존하면서 의무적으로 부모 자녀 간의 서로 돌봄(효)을 실천하려 노력하고 있는 것이다. 그러나 자체의 힘만으로는 고령자와 장애인을 돌볼 수 없는 가족의 수가 늘고 있다. 효의 실행을 위해 사회적 자원을 활용할 필요성이 커지고 있는 것이다. 새 시대에는 효도 필요할 때는 가족 외부의 지원을 받아 할 수 있어야 한다. 사회적 지원망과 사회복지서비스는 이러한 지원을 위한 긴요한 수단이 된다. 친척, 친구, 이웃, 사회단체, 공제그룹과의 망(網, network)을 이루어 서로 돌보는 관계를 유지하며 노부모의 사회적·심리적 및 신체적 욕구에 맞게 돌보아 나가고, 가족의 자체 돌봄 능력이 부족할 경우 가족 외부의 사회복지서비스를 활용할 수 있어야 한다. 이렇게 할 경우 효의 실행방법이 수정되어야 하는 것이다. 즉, 가족 외부의 자원을 활용하면서 효를 행하는 것이다. 시대적 변화에 따라 효를 하는 방법이 달라지는 것이다.

우리는 서로 돌보는 데 유리한 여건을 갖추고 있다. 나라의 크기가 작고 고도로 발달된 교통통신 수단을 가지고 있어 비교적 단시간 내에 대화하고 만날 수 있다. 전화, 이메일 등으로 통신을 하고, 직접 방문해서 대화를 하여 애정과 연대를 증진할 수 있다. 부모와 자녀의 부부관계, 친밀도, 단결의 정도에 따라 다를 수 있겠으나 대개의 부모와 자녀는 이렇게 자주 접촉하고 있다. 고령의 부모들은 자녀와 함께 살거나 자녀가 사는 곳 가까이에서 자녀와 상호 의존하면서 여생을 보내는 경우가 많다. 게다가 고령기

에 접어들어 많이 사용하게 되는 사회복지서비스도 다양화
되고 전달방식도 발전되고 있다.

새로운 방향

전통사회에서는 기성세대의 집단적 압력에 젊은 사람들이
순종하는 사회심리적 구조를 이루어(오세철, 1982: 38~42;
Hashimoto, 2004: 182~197) 효를 하도록 강압당하는 경향
이 있었다. 부모 돌봄은 개개인이 실천하는 행동이기 때문
에 개인이 처해 있는 가정적 및 사회적 여건 속에서 성숙한
성인의 의지에 따라 실행되어야 하며 국가나 지휘자의 지시
나 압력에 따라 행해져서는 진정한 돌봄이 되기 어렵다고
본다. 부모를 돌보려는 의지는 성인 자녀의 마음속 깊이 내
재(內在)해 있다. 다만 그것을 태도와 행동으로 표현하는 데
있어 개인이 처해 있는 환경적 조건에 따라 차이가 있을 수
있다. 따라서 우리는 고령의 친족을 포함한 의존적인 가족
원들에게 제공하는 돌봄의 내용과 방식을 이해하고 이에 대
한 지식과 정보를 가지고 있어야 하겠다. 이 책에서는 이러
한 정보를 부분적이나마 제시하고 있다.

서로 돌보는 공동체

부모 돌봄의 기본적 이념은 시대가 달라져도 변하지 않지만, 이를 행동으로 옮기는 데는 인습 고수적(因襲固守的)으로 해 나갈 수 없게 되었다. 옛 인습을 피동적으로 수렴하고 집단행동에 무조건 순응하며 생활하던 시대로부터 우리의 생활현실은 멀어지고 있기 때문이다. 우리는 민주주의 사회에서 살고 있다. 서로 돌봄 관계도 가족공동체의 공동이익을 존중하면서 가족원과 이웃 사람 개개인의 평등, 자유, 인권을 존중하는 가운데서 이루어져야 하겠다.

모든 사람에게 통용되는 돌봄의 기준을 둘 필요가 있겠으나 한편으로는 각각의 부모와 자녀의 짝이 처해 있는 가족적·경제적 및 사회적 맥락에 맞는 돌봄을 실행할 필요가 있다.

시대적 흐름은 권위주의적이고 일방향적 인간관계로부터 남녀노소가 서로 존중하며 돌보는 양방향적 관계로 전환하고 있는 것이다.

우리는 부모 돌봄의 가치를 다음 세대에 전수하는 데 있어 젊은이가 규범에 묻혀 개성의 변화를 억제당하고 지나치게 순종하도록 강요해서는 안 된다고 본다. 소위 동양사회의 전통적인 폐쇄성과 정태성에서 벗어나 좀 더 젊은이의 자각과 창의성을 존중하는 신축성 있고 진보적인 방편을 적용해야 할 것으로 본다.

서로 돌보는 관계에서는 고령자도 젊은 사람들과의 관계를 조정할 필요가 있다. 부모는 자녀와의 대화를 더 해 나가고 가족원들의 화합을 북돋우는 역할을 할 수 있다. 부모가 자녀생활을 간섭하고 이에 영향을 끼치는 방식은 줄이고, 이들의 독립된 생활을 존중하고 충고, 자문, 지원을 하는 데 역할을 제한하는 것이 바람직하다.

한편 젊은 사람들은 가족이 하나의 조직으로 기능하며 부모는 그 조직의 우두머리로서 조직을 다스리고 유지하는 책임과 권한을 가진다는 점을 이해해야 한다. 자녀는 이러한 가족의 체계를 받아들여야 하며 이 속에서 자연적으로 생기는 부모의 권위를 받들고 그분들의 가족복리를 증진하려는 의지와 노력을 존중해야 한다. 이러한 부모의 권위는 동서양을 막론하고 인류사회에서 공통적으로 존중되고 있는 것이다. 전통적 돌봄의 가치─서로 사랑하고 섬기며, 서로 의무적으로 상대의 부족함을 메워 주는─세대관계를 개발하여 호혜적으로 돌보는 공동사회를 이루어 나가야 하겠다. 이런 공동사회는 우리의 돌봄 전통을 약화시키는 이기적이고 개인 중심적인 산업사회의 풍조를 상당한 정도로 조정할 수 있을 것으로 본다. 이러한 노력을 통해서 새 시대 생활에 알맞은 세대 간의 호혜적 관계로 발전해 가는 한편, 이웃과 공동사회의 지원과 정부가 개발하는 사회보장 및 복지사업을 통합해서 우리의 종합적인 사회복지체계로 발전시킬 수 있다면 참으로 반가운 일이다.

호혜적으로 서로 돌보는 관계는 효가 지향하는 것이며 이는 사회체계를 안정시키는 접착제의 역할을 할 수 있다. 서로 돌봄이 기본적 가치인 효는 한국인들이 조상으로부터 물려받은 문화적 유산이다. 이 유산을 현대생활에 맞게 조정하여 젊은 세대에게 전수하는 노력을 해 나가야 하겠다.

제8장 | 노소가 서로 돌보는 배움터

새로 사는 인생

이 장에서는 고령자와 연소자가 서로 도움을 주고받는 호혜적 지원 프로그램의 한 예를 소개하고자 한다. 이 프로그램은 저자가 공부를 한 미국의 미시간 대학이 있는 학교 도시 앤아버에서 운영되었으며 저자가 직접 참관한 것이다.

다음은 이 프로그램에 참여한 고령의 스미스 여사가 초등학교 학생들과 학교세팅에서 도움을 주고받는 노소세대 간의 교호적 관계를 알려 주는 이야기이다.

스미스 여사는 금년 78세로 남편과 함께 성장한 세 자녀들이 사는 앤아버 시내 한 동네에서 살고 있었다. 이렇게 온 가족이 한 마을에 살면서 서로 애정을 나누고 서로의 안녕을 염려하는 스미스 부인 가족을 다른 사람들은 부럽게 여기고 있었다.

그러던 차에 스미스 여사는 매우 심각한 고독에 빠져 더 이상 보람 있는 생활을 할 수 없다는 생각을 하기 시작하였다. 점차 우울증 증세를 가지게 되고 귀가 멀어져 교회활동에도 참여하기 어렵게 되어 삶에 대한 자신감을 잃게 되었다.

다행히 앤아버 시내 초등학교를 세팅으로 하는 노소세대 합동 프로그램이 시작되어 스미스 여사는 이 프로그램이 자기에게 뜻이 있고 자기의 안녕을 증진할 수 있다고 보았다. 그래서 그는 프로그램에 참가하기로 결심하였다.

스미스 여사는 이 프로그램에 참가함으로써 사실 매우 보람 있는 생활을 할 기회를 얻게 되었다.

고령자와 연소자의 합동

이 프로그램은 남녀노소가 학교에서 미술, 글쓰기, 공예, 재봉 등 분야에 관한 공부를 하면서 특히 고령자들과 연소자들이 함께 기술을 배우고, 지식을 얻고, 경험을 쌓도록 하는 활동을 내용으로 꾸며져 있다. 스미스 여사는 가까이 있는 초등학교에서 진행되는 이 프로그램에서 일주일에 한 번 10세에서 11세 되는 아동들(초등학생들)에게 그림 그리기를 가르치는 자원봉사자 역할을 맡아 자기의 능력을 재발견하는 기회를 가지게 된 것이다(스미스 여사는 젊을 때부터 그림을 그려 왔다).

이 프로그램은 고령자들이 젊을 때 체득한 기능(그림 그리기, 바느질, 목공예, 화초 가꾸기, 컴퓨터 등을 하는 기법)을 활용하고 발전시켜 나가도록 한다. 교실에서 어린이들과 노인들이 함께 가르치고 배우는 노소가 합동해서 하는 다목적 교육 프로그램이다.

고령자로 하여금 그분들이 평생 축적한 지혜, 경험, 지식, 기술을 어린 사람들에게 전달해 주는 데 이 프로그램의 특징이 있다. 한편 어린 사람들은 보통 교과목에서 배우지 못하는 기술, 정보, 그리고 경험을 얻게 되어 자극적이고 재미있는 배움의 기회를 가질 수 있게 되었고 친절과 애정으로 지도해 주는 고령자들의 친구가 되었다.

앤아버 시 교육구가 오랜 연구 끝에 마련한 이 창의적인 프로그램은 성공적으로 운영되어 다른 초등학교들에도 확대 실시하게 되었다. 미국 정부도 이 사업을 성공모델로 채택하여 전국에 확산해서 실시하기 시작했다.

스미스 여사는 이 프로그램에 계속 참가해 나갔다. 그런데 그분의 손자녀는 할머니의 이 프로그램 참여를 어떻게 보았을까? 이들은 할머니의 노화과정에서 일어나는 외로움, 우울증 등 문제를 처음에는 놀랍고 해결이 어려운 것으로 보았다. 그들은 스미스 여사가 다른 사람과 어울려 대화를 못 하고 어려움을 극복하려 애쓰는 상황을 지켜본 것이다.

그런데 이제 할머니가 용기를 내어 새로운 배움과 가르침의 길을 가지게 되면서 보람 있는 생활을 즐기는 모습을 보고 그들은 지난날 할머니의 생활과 매우 대조적이어서 기뻐하고 있다.

사실 고령의 자원봉사자들은 어린이들의 장래를 위해 보람 있게 기여할 수 있다는 데 대한 자신감을 얻었다. 한편 어린이들은 고령의 친구들과 함께 공부함으로써 자기 존중감을 증대하고, 창의적이고 독립적으로 생각할 능력을 기르고, 공부할 능력을 기르고, 역사와 문화에 대한 시각을 가지게 되고, 일과 여가활동을 고르게 하고, 특히 사람의 노화(老化)에 대한 이해를 하게 되었다.

오랫동안 살아온 연장자들로부터 애정, 관심, 존중을 받은 어린 학생들은 자기 자신들을 스스로 소중하게 여기게 되었다. 이들에게 그 프로그램이 어떠하냐고 질문을 했더니 거의 모두가 "좋았다", "얻은 바가 많다", "기분이 좋다", "자라난 기분이다" 등의 긍정적인 응답을 했다.

이들은 여러 면에서 공부를 더 잘하게 되었음이 나타났다. 더 많은 숙어와 단어를 사용할 수 있게 되었고 특수한 기술과 지식을 습득하였다. 현저한 발전은 이들이 공부하는 데 필요한 새로운 정보를 얻어 이를 활용한 것이다.

예를 들어, 목공예를 하는 데서 수학에 대한 관심을 가지게 되고 봉재를 배우는 데서 예술에 대한 관심을 가지게 된 것이다. 소형 인쇄기 조작을 배우면서 글자를 깨끗이 쓰는 방법을 익히고 철자를 더 정확히 사용하게 되었다.

또한 고령자들로부터 과거에 일어난 일들에 대한 이야기를 듣고서 역사와 문화에 대한 이해를 증진하였다. 그리고 이분들의 좋은 생각과 모범을 본뜨는 학생들이 많았다. 게다가 노령자들이 평생 경험한 일에 대한 이야기를 듣고 앞으로 그들이 할 수 있는 일과 직업에 대한 정보를 얻고 이해하게 되었다.

이 프로그램으로부터 또 다른 혜택을 얻을 수 있었는데 그것은 사회적으로 격리되어 있는 중년의 여성들이 이에 참여해서 프로그램의 보조자로서 활동하게 되어 생긴 것이다. 이 여성보조자들은 허약하고 신체적으로 부자유한 노인들이 학교에 와서 그 프로그램에 참여토록 도와주는 역할을 맡은 것이다.

이들은 자녀가 성장해서 독립해 나가 부부끼리 또는 홀로 생활하는 분들이었다. 그 프로그램은 이들에게 모성애와 남을 보살피는 능력을 발휘하여 노령자들이 학생들을 도와주는 보람 있는 활동을 잘해내도록 지원하게 된 것이다. 이들 가운데는 프로그램 참여 후 자극을 받아 직장을 찾아 직업전선에 다시 나간 이들이 있었다. 이들도 역시 고령자에 대한 이해를 높였고, 자신들도 곧 노화기에 드는 데 노화에 대한 지식을 넓히게 되었다.

그러면 어느 편이 이 프로그램으로부터 더 많은 혜택을 받았는가? 설문조사를 한 결과 노인봉사자들도 어린 학생들의 경우와 같이 매우 긍정적인 반응을 보였다. 즉, 그분들은 이 프로그램에 참여함으로써 가족과 친구들과의 관계가 더 만족스럽게 되었으며, 건강이 좋아지고, 행복감이 증대하였다고 응답하였다.

고령의 자원봉사자들은 일주일에 한 번 학교에 와서 이와 같은 교환을 하면서 어린 학생들과 사회적 관계를 이루어 고독감과 격리감을 해소할 수 있었다. 이들 중 애리스 여사가 넘어져 학교를 못 나오게 되자 10세 된 마크는 학교에서 일어난 일들을 매일 그분에게 전화로 알려 주었다. 이런 어린 학생들의 관심과 친절한 행동에 힘입어 애리스 할머니는 빨리 회복해서 학교에 나가 마크와 함께 활동해야겠다고 다짐하고 있었다.

보람 있는 생활

고령의 자원봉사자들의 대다수는 그들의 생활이 쓸모가 있고 값이 있다고 느끼게 되었다. 다음과 같은 말을 흔히

들을 수 있었다. "나는 여러 가지를 배우고 있다", "이렇게 학교에 와서 아이들과 함께 작업을 하니 고통과 외로움이 사라진다", "혼자서 눈물이나 흘리고 있지 않고 보람이 있는 일을 하게 되었다."

이렇게 새로운 생활을 하도록 하는 터전은 학교이다.

이 프로그램을 성공으로 이끈 요인들은 첫째, 이 프로그램을 담당한 학교 교직원이 고령의 자원봉사자들을 환영하고 지원하는 태도와 마음씨였다. 그리고 중년 여성 자원봉사자들이 주는 격려와 성원이 프로그램을 뒷받침하는 힘이 되었다.

이 프로그램을 운영하는 데 필요한 자원은 학교 주변에 있었다. 다만 이 자원을 동원해서 활용하는 지도자가 필요했던 것이다. 앤아버 시 당국과 앤아버 교육구 위원장이 공동 지도자가 된 것이다.

이 프로그램은 원래 초등학교에서 실시되는 범위가 좁은 프로그램이었으나 운영결과가 좋아서 점차 다른 지역으로 확대되었고, 프로그램 내용도 보다 다양하게 발전하였다.

일례로 점심때 노인들도 학교에 와서 학생들과 함께 식사를 하도록 조치하여 혼자 사는 노인들에게 매우 도움이 되게 하였다. 그리고 폐품세일 행사를 열어 노인봉사자들이 쌓아 둔 헌 물건, 필요가 없는 것들을 학교에 가지고 와

서 판매하여 학생들로 하여금 사업경험을 얻도록 하고 노
인들을 위한 잡비를 마련할 수 있었다. 또 수선센터를 두
어 학생들과 노인들이 함께 물건을 고치는 기술을 습득하
고 공동작업 경험을 얻도록 해서 또 하나의 가르치고 배우
는 장을 이루었다.

이 세대 간의 협동사업은 지역사회에 현존하는 자원, 흔
히 잠자며 활용되지 않고 있는 인적 및 물적 자원을 아주
작은 비용을 들여 사용해서 커다란 사회 교육적 효과를 발
생할 수 있게 하였다. 즉, 지역사회의 고령자들과 소년들,
주민, 집단 그리고 지역 사회 전체가 보다 건전한 삶을 영
위토록 유도한 것이다.

이러한 노소합동 교육사업을 계획하여 운영하기 위해서
앤아버 시내의 전문가들과 자원봉사자들이 협동하여 여러
달을 두고 작업을 했다. 즉, 이 프로그램은 그 도시의 전문
인들 가운데서 자원봉사자들을 확보하여 이들의 지원을 받
아 설계되었고, 노소 남녀 자원봉사자들의 협조로 자치적
으로 운영되어 그러한 성과를 내어 마침내 미국의 다른 지
역으로까지 확산된 것이다.

이 프로그램은 고령자들과 연소자들이 함께 어울려 서로
가르치고 배우며 도움을 주고받는 프로그램으로서 지역주민
의 협동하에 민간이 자치적으로 조직, 운용한 성공사례이다.

제9장 | 효행의 유형

지금까지 효는 막연하고 구체적이지 못하게 전해져서 효를 실천하는 데 도움이 될 만한 구체적이고 분명한 지침을 갖지 못했다.

부모님에게 효도하는 이유는 무엇이며 효를 어떻게 표현하고 있으며 어떠한 형태의 서비스를 제공하고 있는가?

이러한 과제들에 대한 답을 찾아보려고 부모를 모범적으로 보살피고 부양하여 효행상을 받은 약 1,000명에 대한 기록문을 분석하였다.

정부(보건복지부)의 효행상을 1973~1986년 사이에 받은 3,000여 명 중에서 무작위로 뽑힌 823명(한국노인문제연구소, 1986)과 삼성효행상을 받은 215명(삼성복지재단효행록 1975~2000) 중에서 무작위로 뽑힌 168명이 포함되었다.

그리고는 이들 효행자로부터 효행에 대한 의견을 직접 들어 분석해 보았다.

이 두 가지 조사들의 결과를 소개하고자 한다.

이 조사들에서 얻은 자료를 20명의 조사자들이 내용분석을 해 본 결과 다음의 11가지 항목이 효를 하기 위해 취하는 행동으로 드러났다.

[효행의 유형]

1. 부모를 존경하는 것
2. 부모를 위해 육체적 및 재정적으로 희생하는 것
3. 자녀의 책임을 수행하는 것
4. 부모 은혜에 보답하는 것
5. 부모를 중심으로 가족이 화합하는 것
6. 고령인 부모에게 동정심을 갖는 것
7. 남을 위해 못다 한 일을 부모를 위해 하는 것
8. 가족이 영원히 존속하도록 힘쓰는 것
9. 부모의 친지를 대접하고 조상의 사당과 묘를 유지하는 것
10. 종교적 가르침에 따라 부모를 모시는 것
11. 이웃과 화합된 관계를 유지하는 것

제공한 서비스

위와 같은 효행을 하면서 부모에게 가장 빈번히 제공한 서비스는 아래와 같다.

* 와병 중인 부모를 병간호하는 일
* 대소변을 실금하는 부모를 돕는 일
* 와병 중인 부모를 위해 식사 시중을 하는 일
* 생활이 어려운 중에도 약을 마련하는 일
* 부모를 모시는 대가족의 생계를 유지하는 일
* 이웃 노인을 섬기는 일

제공한 서비스들은 다음의 3가지 범주로 나누어 볼 수 있다.

(1) 개인적 보살핌(병간호와 일상생활 도움)
병간호를 해 드림
통변을 도와드림
식사 시중을 해 드림
약을 공급해 드림
안마를 해 드림

위독한 부모에게 헌혈을 함

세탁을 해 드림

목욕을 시켜 드림

방을 정리해 드림

말상대가 되어 드림

책, 신문을 읽어 드림

외출할 때 동반해 드림

업어서 이동시켜 드림

부모의 의견을 존중해 드림

부모의 소원을 성취해 드림

노인학교에 보내 드림

이상 개인적 보살핌이 16가지가 되는데, 이 중에서 7가지는 보건과 관련된 것이고 나머지는 지지적 서비스로 볼 수 있다.

(2) 가족을 위한 지원 서비스

대가족 부양

자녀와 형제자매를 위한 교육

가족의 장래를 위한 저축

성묘

친척 대접

(3) 지역사회를 위한 서비스

지역사회 노인을 위한 서비스

양로원 또는 노인정 방문

노인학교 후원

불우한 청소년을 위한 장학금 제공

지역사회의 공익사업 지원

이와 같이 서비스들을 "부모"를 비롯한 "가족"과 "지역사회"를 위한 세 가지로 나눌 수 있다. 따라서 효행은 상당히 광범위하다. 가족 테두리의 좁은 개념으로부터 이웃과 사회로 넓게 확대되었다.

효는 상호 교환적인 성격을 띠고 있다. 부모는 자녀를 양육하는 데 헌신하였고 자녀는 부모를 노후에 부양하는 데 힘썼다. 이와 같이 부모와 자녀 사이에 생활주기를 두고 교환관계가 이루어졌다.

효행의 유형

위 효행의 유형들은 효를 어떠한 구체적 행동으로 수행하는가를 가르치고 있다.

아래와 같이 11가지 유형들의 지표들 또는 하위 행동들
을 구별해 볼 수 있다.

〈효행이유와 효행의 내용〉

(1) 부모를 존경함

① 경의를 표하며 공손하게 대함

② 보살피고 지원함

③ 명예를 드리고 높이 받들어 드림

(2) 부모에 대한 책임을 가짐

① 부친 사후에 어머니를 잘 모심

② 배우자 사후에도 시부모를 잘 모심

③ 부모부양을 위해 결혼을 늦추거나 사회활동을 줄임

(3) 부모를 희생적으로 보살핌

① 자신의 안락을 돌보지 않고 보살핌

② 저임금으로 부모의 의료비를 내거나 부모 대신 대가
   족을 부양함

③ 부모병간을 하면서 장애인 배우자를 보살핌

(4) 부모를 동정함

① 잘 섬기지 못함을 뉘우침

② 허약하거나 장애를 가진 부모를 가엾게 여김

③ 부모가 늙어 감을 딱하게 여김

(5) 가정을 화합시킴

① 부모 중심으로 화합된 가족을 이룸

② 부모와 다른 가족원들 간의 대화와 교환을 촉진함

③ 형제와 친족을 지원함

(6) 다른 가족원을 위해 못다 한 일을 효도로써 보상함

① 친정부모를 모시지 못함을 보상하려 시부모를 잘 모심

② 죽은 배우자를 섬기지 못함을 보상하려 시부모를 잘
   모심

③ 다른 가족에게 해 주지 못함을 보상하려 부모를 잘 섬김

(7) 부모 은혜를 갚음

① 부모의 소원을 성취함

② 물질로써 즐겁게 해 드림

③ 비물질적인 방법으로 즐겁게 해 드림

(8) 종교적인 믿음으로 효도함

① 유교의 가르침을 따름

② 불교의 가르침을 따름

③ 기독교의 가르침을 따름

(9) 지역사회의 화합을 도모함

① 이웃 노인들을 위해 모금을 하거나 서비스를 제공함

② 이웃 청소년이 노인과 조화된 관계를 갖도록 지도함

③ 생활환경을 가꾸고 교통안전을 증진함

(10) 가족의 체면을 유지함

① 부모나 가족을 욕되게 하지 않음

② 부모의 생일과 가족행사에 이웃을 대접함

③ 조상의 사당과 묘를 가꾸고 유지함

(11) 가족의 영속을 도모함

① 전쟁이나 천재지변으로 분산된 가족을 다시 모이게 함

② 가족영속을 도모하고 조상숭배를 함

③ 가족의 명예와 사회적 지위를 지킴

위 11가지 효행의 유형은 효행자들에 관한 이야기 내용

을 해석, 요약해서 알아낸 것이다.

<표 3>에는 11가지 효행유형의 두 가지 등위들(하나는 효행유형을 지적한 "빈도"에 기초한 등위이고 다른 하나는 효행유형의 "중요성"을 평가한 점수에 의한 등위)을 비교해 본 것이다.

종합등위에서 부모를 존경함이 제일 높다(빈도 1위, 평점 1위). 다음으로 자녀의 책임 수행(빈도 2위, 평점 1위), 가족의 화합을 도모함(빈도는 4위, 평점은 3위), 부모의 은혜를 갚음(빈도는 3위, 평점은 6위), 부모를 위해 희생함(빈도 5위, 평점은 7위), 부모를 동정함(빈도 6, 평점 7) 및 가족의 영속을 도모함(빈도는 7위, 평점은 5위)이다

다음으로 부모에 대한 동정, 이웃과의 화합, 보상, 종교적 신념, 체면유지의 순위로 이어진다.

두 가지 등위들의 등위상관계수가 .82로 분석되었다. 즉, 지적빈도에 따른 등위와 중요성에 따른 등위가 비슷하게 나타나 이 등위들의 신뢰성과 타당성을 시사하고 있다.

〈표 3〉 효행유형: 빈도와 평점에 따른 등위 비교*

효행유형	빈도에 따른 등위(%)	평점에 따른 등위평균[1]	종합 등위
부모를 존경함	1(100)	1 4.98	1
자녀 책임을 수행함	2(85)	1 4.98	2
부모 은혜를 보답함	3(72)	6 3.46	3
가족의 화합을 이룸	4(47)	3 4.46	4
부모를 위해 희생함	5(43)	7 3.29	5
부모를 동정함	6(27)	7 3.29	6
가족의 영속을 도모함	7(20)	5 3.90	7
못다 한 일을 보상함	8(11)	9 3.25	8
이웃 어른을 돌봄	9(7)	4 4.16	9
종교적 가르침을 따름	10(3)	10 2.62	10
가족체면을 유지함	11(3)	11 2.50	11

* Spearman 등위계수(Rho)=.818(.01)
1 5단위 척도에 의한 평점 가중치의 평균에 기초함

(위의 조사에 사용한 방법과 결과에 대해서는 저자의 다음 저서를 참조하기 바람. 성규탁, 2010,『한국인의 효 I~V』, 한국학술정보(주); 성규탁, 2005,『현대 한국인의 효』, 집문당)

제10장 | 어른 존경

제9장에서 밝힌 바와 같이 부모에 대한 존경은 가장 중요하고 가장 자주 실천한 효의 실천행동이다.

고령자를 푸대접하는 사례들이 늘고 있다. 이런 불행한 일은 서양사회에서만 있는 것으로 생각했는데 불행히도 우리 눈앞에서 발생하고 있는 것이다. 최근 나온 연구보고에 의하면 고령자를 무시하고, 어른을 학대, 남용하고, 어른들에 대해 차별적인 태도를 가지는 사실이 늘어나고 있다. 그런데 젊은 사람들, 특히 대학생들이 노인들에 대해 갖는 부정적인 태도에 대해서 외국에서는 이미 오래전부터 보고되어 왔고 한국에서도 보고되기 시작한 것이다(권중돈, 2010; 김미해·권금주, 2008; 보건복지부, 2007; 한동희, 2002; 이인수·이용함, 2000; Pillemer & Finkelhor, 1988; Tomita, 1994; Kwan, 1995; Levy, 1999).

이러한 불행한 사건은 고령자를 존경하지 않기 때문에 발생하는 것이다.

많은 고령자는 물질적인 도움에 앞서 먼저 존경을 해 달라고 호소하고 있다. 연구보고에 의하면 노인들의 생에 대한 만족을 결정하는 주요인들 가운데 하나가 존경을 받는 것이다(Ghusn, Hyde, Stevens & Teasdale, 1996). 존경을 받는 고령자는 자기 존중도가 높아지고 부양자 또는 치료자와 협조적 관계를 가지며 치료와 서비스가 더 효과적으로 전달되어 혜택을 많이 받는 바람직한 결과를 가져온다(Sung & Dunkle, 2009). 따라서 젊은 사람들이나 부양자들이 노인을 대하는 태도는 노인들의 안녕에 커다란 영향을 줄 수 있다.

부모와 어른을 마땅히 존경해야 한다는 당위(當爲)를 말하는 동시에 위와 같은 존경의 긍정적인 파급효과가 있음을 또한 인정해야 하겠다.

사실 어른을 존경하는 문제는 몇 년 전만 해도 우리 사회에서 대단한 문제가 되지 않았었다. 어른을 존중하는 것을 당연시하고 있었던 것이다. 그런데 시대의 변천에 따라 어른 존경이 커다란 사회적 관심사로 등장하게 된 것이다.

오랜 세월에 걸쳐 실천되어 온 어른 존경이 오늘날에 와서 어떠한 방식으로 행해지고 있는가를 경험적으로 분석한 연구가 희소하다.

오늘날 한국인은 과연 어른을 존중하고 있는가? 존경을 한다면 어떠한 방식으로 하고 있는가? 구체적으로 어떠한 행동으로 존경하는가? 이러한 질문들에 대한 답을 얻기 위해 본 연구는 우리나라의 젊은 성인들―대학생들―이 어른을 존경하는 행동을 탐색하였다.

본 연구는 젊은 성인들 사이에 가장 일반적으로 널리 실천되고 있는 어른 존경의 방식을 식별하는 데 초점을 두었다. 설문조사로부터 얻은 자료를 바탕으로 가장 널리 사용되는 존경 방식을 찾아내었다.

어른 존경의 표현

존경은 다른 사람에게 호의적인 마음씨를 표현하는 방법이며, 감정이나 단순한 느낌의 차원을 넘어 실제적으로 관심을 나타내고, 이 관심을 행동으로 표현하는 것이다. 따라서 존경은 외향적인 눈으로 볼 수 있는 행동으로 표현되는 것이다.

앞서 언급했지만 근년에 동아시아에서 어른 존경에 대한 몇 가지 연구들이 이루어졌다. Palmore와 Maeda(1985)는 일본인들이 노인을 존중하는 방식을 체계적인 분석이 없이 소개하였고, Mehta(1997)는 싱가포르 사람들이 어른 존경을 하는 방식에 대해 질적 조사를 했으며, Ingersoll-Dayton 과 Sangtienchai(1999)는 싱가포르, 대만, 필리핀 및 태국에서 어른 존경의 표현 방식에 대해 역시 질적 조사를 하였다. 그리고 Sung과 Kim(2003)은 한국에서 어른 존경의 표현 방식을 체계적으로 구분하였는데 이를 위해 존경에 대한 계량적인 조사방법을 처음으로 사용하였다.

위의 연구들은 아시아 사람들이 어른을 존경하는 여러 가지 표현을 소개하였다. 이들이 소개한 존경방식을 간추려 보면 다음과 같다.

① 보살피고 봉사하는 것, ② 순종하는 것, ③ 의논하는 것, ④ 인사하는 것, ⑤ 경어를 사용하는 것, ⑥ 외모를 갖추는 것, ⑦ 생일을 축하하는 것, ⑧ 윗자리를 제공하는 것, ⑨ 우선적으로 대접하는 것, ⑩ 음식을 대접하는 것, ⑪ 선물을 하는 것, ⑫ 노인을 존경하는 것, ⑬ 조상을 숭배하는 것

위의 연구들은 중요한 기여를 하였으나 Sung과 Kim의 연구를 제외하고는 존경 방식들이 어느 정도의 빈도로 실

천되고 있는가, 그리고 어느 정도로 중요시되고 있는가에 대한 계량적인 자료를 제공하지 못했다.

Sung과 Kim의 연구에서 한국인의 어른 존경에 대한 계량적인 자료가 나왔다. 이 장에서는 한국인에 대한 이 연구의 결과를 축소해서 소개하고자 한다.

조사 방법

본 연구를 위한 자료는 한국의 두 대학교에 재학 중인 449명의 대학생들과 대학원생들로부터 수집하였다. 이들은 각 대학에서 무작위로 추출된 사회과학계 학과들의 13개 반(15~55명 크기)에서 공부하는 학부 및 대학원의 학생들이다. 의도적으로 선출된 두 대학들은 사회적·경제적 및 종교적으로 다양한 학생들이 다니는 공인된 사립교육기관이다. 조사대상 학생들의 55%는 남성이고 여성이 45%이다. 44%는 4학년생이며 56%는 대학원생이다. 평균 연령은 23.8세이고 대다수는 부모와 동거하고 있었다.

다음과 같은 설문을 학생들에게 나누어 주고 응답을 구했다.

1. 학생이 평소에 어른을 존경하기 위해 가장 자주 하는 행위 또는 몸짓을 두 가지 이상 적어 주시오.
2. 학생이 위에 적은 행위 또는 몸짓이 어느 정도로 중요하다고 보는지 그 중요성의 정도를 지적해 주시오(4단위 측도를 적용했음: 1=매우 중요함, 2=그대로 중요한 편임, 3=별로 중요치 않음, 4=전혀 중요치 않음).

위에서 첫 번째 질문은 응답자가 가장 자주 행하는 어른 존경 방식을 알아내기 위한 것이고, 두 번째 질문은 각각의 어른 존경 방식을 중요시하는 정도를 파악하기 위한 것이다. 이들 질문 외에 인구학적 항목들이 부가되었다. 이와 같이 비교적 단순한 설문을 작성하여 학생들이 교실에서 쉽게 응답할 수 있게 하였다. 각 반의 강사는 설문에 응답하는 것은 각 학생의 자유이고 응답할 의사가 있는 사람은 무기명으로 응답하도록 지시했다. 각 반에서 평균 90~95%의 학생들이 응답하였다.

분석과 결과

응답자들은 다양한 어른 존경 방식들을 설문지에 기입하였다. 분류하는 데 Silverman과 Maxwell(1978)이 사용한 7

가지 어른 존경 방식들을 참고하였다. 즉, ① 서비스를 제
공해서 하는 존경, ② 선물을 제공해서 하는 존경, ③ 존댓
말을 사용해서 하는 존경, ④ 윗자리를 제공해서 하는 존
경, ⑤ 음식을 대접해서 하는 존경, ⑥ 공손한 태도를 취해
서 하는 존경, 그리고 ⑦ 생일을 축하해서 하는 존경이다.
이들 방식을 기본으로 응답자들이 제시한 존경 방식들을
분류하기 시작하였다.

분류과정에서 위의 7가지 외에 방식들이 새로 나타났다.
무작위로 선출된 5명의 응답자들로부터 응답의 해석과 후
속 분류작업을 하는 데 지원을 받았다. 이들은 분명하지
않은 응답과 애매한 언어적 표현을 해석하도록 도와주었
다. 각각의 존경 방식을 상호 배타적인 항목으로 성립시키
기 위해 노력하였다.

다음에 응답자들의 대납과 이를 기초로 분류한 존경 방
식들을 소개하고자 한다. 분석에 관한 자세한 사항에 관해
서는 다음 글을 참고하기를 바란다.

[성규탁, 어른을 존중하는 중국, 일본, 한국 사람들, 2011; Kyu-taik
Sung & Han Sung Kim, In K. T. Sung et al. (Eds.), *Advancing Social
Welfare of Korea: Challenges and Approaches*, Seoul: Jipmoondang, 2011]

먼저 각각의 존경 방식을 지적한 **'빈도'**에 기초해서 백분율을 산출했다. 이 백분율에 따라 존경 방식들의 등위를 산정하였다. 다음에는 4단위 척도에 따라 각각의 방식의 **'중요성'**의 정도를 산정하고 그 정도에 따라 각 방식의 등위를 정했다.

빈도에 대한 자료분석 결과를 보면 "보살핌으로 하는 존경(보살핌 또는 서비스를 제공하는 것)"이 가장 빈번히 지적되었다(응답자들의 62%가 지적). 두 번째로 자주 지적된 방식은 순종으로 하는 존경(지시나 명령에 복종하는 것, 51%)이다. 세 번째는 의논을 해서 하는 존경(의논을 청하거나 충고를 받는 것, 41%), 네 번째는 우선적으로 대접해서 하는 존경(서비스나 대접을 먼저 제공하는 것, 36%), 다섯 번째, 인사를 해서 하는 존경(인사와 절을 하는 것, 33%), 여섯 번째, 경어로 하는 존경(존경하는 말이나 문장을 사용하는 것, 31%), 일곱 번째, 음식을 대접해서 하는 존경(어른에게 음식을 대접하는 것, 23%), 여덟 번째, 선물로 하는 존경(선물을 드리는 것, 21%), 아홉 번째, 용모를 단정히 해서 하는 존경(예의 있는 자세를 갖추는 것, 20%), 열 번째, 일반 어른에 대한 존경(이웃과 사회의 노인을 지원하는 것, 18%), 열한 번째, 축하를 해서 하는 존경(어른의 생일을 축하하는 것, 15%), 열두 번째, 윗자리를 제공해서 하는 존경(명예스러운 자리나 역할을 제공해서 하는 존경, 13%), 열세 번째, 조상에 대한 존경(조상을 숭배하는 것, 9%), 끝으로 장례를 통해 하는 존경(돌아가신 부모나 어른을 위해 경건히 장례를 올리는 것, 7%)이다.

다음으로 중요성에 관한 자료를 분석한 결과, 보살핌으로 하는 존경이 역시 가장 높은 등위를 차지했다(4단위 측도를 기초로 한 중요성 평점의 평균: 3.60, 거의 "매우 중요함"으로 표현됨). 이어 의논을 해서 하는 존경(3.51), 순종을 해서 하는 존경(3.32), 경어를 사용해서 하는 존경(3.23), 인사를 해서 하는 존경(3.15), 우선적으로 대접을 해서 하는 존경(3.10), 음식을 대접해서 하는 존경(3.02), 선물을 드려서 하는 존경(2.92), 용모를 단정히 해서 하는 존경(2.82), 일반 노인에 대한 존경(2.72), 축하를 해서 하는 존경(2.63), 윗자리를 드려서 하는 존경(2.63), 조상에 대한 존경(2.53), 끝으로 장례를 치러서 하는 존경(2.50)의 순서로 나타났는데 이들 존경 방식 모두가 "그대로 존경" 내지 "대체로 존경함" 정도로 중요성이 평가되었다.

위와 같이 빈도와 중요성의 두 가지에 대한 분석에서 보살핌으로 하는 존경이 가장 높은 등위로 나타났고, 이다음으로 5가지 방식들, 즉 의논하는 것, 순종하는 것, 경어를 사용하는 것, 인사하는 것, 우선적으로 대접하는 것이 뒤따랐다. 이들 방식은 모두가 다른 존경 방식들보다도 더 자주 실천되었고 더 중요한 것으로 지적된 셈이다.

두 대학에서 얻은 자료의 분석결과를 대조해 보기 위해 조사대상자들을 두 집단으로 나누었다. 통계분석 결과에 의하면 존경 방식들의 지적빈도에서는 두 집단 사이에 통계적 차이가 없는 것으로 시사되었다. 중요성의 정도를 보면 두 집단 사이에 역시 차이가 없음이 시사되었다. 이 자료는 대체로 두 개 대학에서 조사된 학생들이 존경 방식을 평하는 데서나 중요성의 정도를 평하는 데 있어 그 정도가 비슷하다는 점을 시사하고 있다.

인구학적 항목들과 대조해 중요성 평점의 변화를 조사해 보기 위해 일방적 변량분석을 했다. 성별로는 존경 방식들의 중요성 정도에 차이가 없음이 시사되었다. 그러나 연령별로는 순종으로 하는 존경의 중요성에 변화가 있었다. 의논을 해서 하는 존경도 결혼상태에 따라 달랐다. 이러한 결과는 연령이 많은 응답자들이 순종해서 하는 존경과 결혼한 응답자들이 의논해서 하는 존경에 중요성을 두고 있음을 시사하고 있다. 이어 응답자들의 거주 지역(농촌 또는 도시)과 거주형태(부모와 동거 또는 별거)의 두 가지 변수가 서로 보살핌으로 하는 존경과 순종을 하는 존경과 상충작용을 하고 있음이 다른 변량분석 결과에서 시사되었다. 이러한 분석결과는 시골에 거주하며 부모와 함께 사는 응답자들이 두 가지 존경 방식을 더 중요시한다는 점을 알려주고 있다. 연령과 성별도 역시 의논을 해서 하는 존경과 서로 상충작용을 하고 있음이 시사되었다. 이는 나이가 많고 여성인 응답자들이 어른과 의논하는 데 더 무게를 둠을 시사하는 것이다.

14개 방식들 저변(底邊)에 잠겨 있는 차원들을 식별하기 위해 요인분석을 하였다. 즉, 이 항목들을 줄여서 몇 개의 주요 변수들로 요약해 보려는 것이다. 분석한 결과 세 가지 요인들이 발견되었다. 첫 번째 요인은 4개의 적재치를 가신 짓으로 "인상적 어른 존경"이라고 이름 붙였다. 두 번째 차원은 3개의 적재치를 가진 "작업적 존경"이라 했다. 세 번째 차원은 두 개의 적재치를 가진 "문화적 바탕의 존경"이다. 이들 세 요인은 종합해서 37.2%의 변량을 설명한다. 분석 결과는 다양한 존경 방식들을 이들 세 차원으로 줄일 수 있음을 시사하고 있다.

<표 4> 어른 존경 방식과 지적빈도 및 중요성 평점 한국인 응답자*

존경 방식	지적빈도[1]		중요성[2]	
	등위	%	등위	평점
보살핌	1	62	1	3.60
순종	2	51	3	3.55
의논	3	41	2	3.51
먼저 대접	4	36	6	3.12
인사	5	33	5	3.15
존댓말	6	31	4	3.23
음식 대접	7	23	7	3.02
선물	8	21	8	2.92
외모	9	20	9	2.82
조상	10	19	9	2.82
이웃	11	18	11	2.77
축하	11	18	12	2.63
윗자리	13	16	13	2.50
장례	14	9	13	2.50

* N = 401
1 응답자들이 지적한 빈도: 응답자 총수의 5% 이상이 지적한 항목만 포함
2 중요성의 정도: 4단위측도에 기초함(4 = 매우 중요함. 1 = 전혀 중요치 않음)

어른 존경의 방식과 표현

다음 14개 존경 방식들이 한국의 문화적 맥락에서 의미하는 바와 실천되는 방법을 좀 더 자세히 기술해 보고자 한다(제4장에서는 10가지 방식을 골라서 약술하였음).

(1) 보살핌으로 하는 존경

이 존경 방식은 어른에 대해 마음속에서 우러나는 정성으로 보살펴 드리고, 염려해 드리고, 기쁘고 안락하게 해 드리고, 불안감을 해소해 드리고, 마음에 상처를 주는 일을 하지 않고, 자주 만나 드리고, 시간을 함께하고, 개인적인 케어를 해 드리고, 음식을 장만해 드리고, 집안일을 돌보아 드리고, 보건의료 서비스를 해 드림으로써 표현하는 존경이다. 따라서 이 방식은 정서적인 보살핌은 물론 수단적(또는 물질적)인 서비스도 함께 해 드리는 것이다. 응답자들도 보살핌으로 하는 존경을 제일 중요시했다. 부모를 보살피고 존경하는 것은 가장 으뜸가는 인(仁, 사랑, 인간애)의 표현이다. 그러나 오늘날 다수의 부모와 자녀가 따로 살고 있어 이러한 표현을 하기가 전보다는 쉽지가 않다. 물론 떨어져 살면서도 노력을 하면 부모를 케어할 수 있다. 정서적 보살핌은 전화나 e-mail 같은 통신방법으로 상당한 정도로 해 드릴 수 있다. 그러나 수단적인 보살핌(손과 몸으로 직접 제공하는 보살핌과 서비스)은 방문을 해서 하거나 다른 사람에게 부탁해서 해야 한다. 그래서 이웃과 지역사회, 그리고 공공단체와 정부가 제공하는 각종 서비스를 활용하게 된다. 한국의 많은 가족이 고령으로 부모와 떨어져 살면서 이와 같이 공공서비스 제공자들, 즉 "제3자" 서비스 제공자(사회봉사기관, 요양원, 탁로소, 노인복지관, 자원봉사집단 등)에게 노부모를 보살피고 뒷바라지하는 일을 위탁하고 있다. 이 방법은 새 시대에 점차 많이 채택되고 있는 보살핌으로 하는 존경방법의 하나이다.

(2) 순종으로 하는 존경

젊은 사람들은 대개 그들의 부모나 친척 어른들의 말을 들으며 따른다. 직장에서는 흔히 상사의 비공식적 충고나 지시도 따른다. 학교에서는 학생들이 군소리 없이 선생들의 지시를 따른다. 가족 중심적이고 집단 중심적인 우리 문화에서는 순종해서 하는 존경은 하나의 사회적 규범으로 되어 왔다. 그러나 연장자와 연소자의 사회관계가 비권위주의적이고 상호 존중하는 방향으로 전환되어 감에 따라 연장자에게 무조건 복종하기보다는 이들의 이야기를 귀담아 들어주는 식으로 경의를 표하는 젊은이가 많아졌다. 이와 함께 자기를 많이 낮추어 복종하는 관습이 서서히 줄어들고 적게 낮추면서도 경의를 표하는 방식을 택하는 젊은이가 늘고 있다.

(3) 의논해서 하는 존경

젊은 사람들은 어른으로부터 개인적인 문제나 가족 문제에 대한 의견을 청해서 듣는다. 어른에게 의논을 요청함으로써 그분에게 경의를 표할 수 있는 것이다. 이 방식을 통해서 어른과 젊은 사람이 다 같이 혜택을 받을 수 있다. 젊은이는 필요한 정보와 도움을 어른으로부터 받을 수 있고 어른은 자기의 경험과 지혜를 자녀와 젊은이에게 제공하게 되어 보람을 느끼고 만족하게 된다. 그리고 이 방식은 부모－자녀 또는 연장자－연소자가 서로 도움이 되게 상담과 의견을 주고받는 관계를 이루기 때문에 앞으로 젊은이들이 많이 선호하는 방식이 될 것으로 본다.

(4) 우선적으로 대접해서 하는 존경

어른에게 음식, 도움, 편의, 서비스 등을 먼저 또는 우선적으로 제공해서 존경을 표현하는 방식이다. 그리고 어른이 좋아하는 음식을 우선적으로 대접하고 방이나 승강기에 먼저 타도록 하고 목욕이나 샤워를 먼저 하도록 해 드리는 것이다. 한국의 연장자/어른은 과거에는 물론 요즘에도 우선적으로 대접받는 것을 매우 중요시한다. 이도 역시 문화적인 관습이라고 하겠다. 비교적 간단한 표현이면서도 매우 중요한 존경 방식이다. 존경은 이타적인(남을 위하는) 행위이다. 즉, 다른 사람에게 관심을 가지고, 중요하게 여기고, 보살핌과 편의를 제공하는 것이다. 우선적 대접은 존경하는 분에게 이러한 것을 다른 사람보다 먼저 해 주는 방식이다.

(5) 인사를 해서 하는 존경

매우 중요시하는 존경방법이다. 어른에게 적절한 몸짓을 해서 존경의 표시로서 인사를 한다. 어느 정도로 몸을 굽혀 절을 하는가에 따라 존경의 정도가 결정된다. 인사하는 몸짓을 계속해서 몇 번이고 되풀이함으로써 깊은 경의를 표한다. 이 존경 방식은 어린이가 태어나 제일 먼저 배우는 사회적 행위이다. 인사는 존경 방식 중에서 가장 자주 사용되며 가장 중요시되는 방식이다. 최근에는 이 방식이 수정되어 가고 있다. 몸을 굽히는 정도가 낮아지고 고개도 그전보다 덜 굽힌다. 몸을 굽혀서 인사하는 대신 악수를 하는 경우가 많아졌다. 인사말도 복잡하지 않게 간단하고 짧게, 그리고 쉬운 방식으로 하는 경향이다.

(6) 경어를 사용해서 하는 존경

우리는 어른에게 경의를 표하기 위해 다양하고 세분된 존댓말을 사용한다. 젊은이는 어른에게 경의를 표하기 위해 경어(존경하는 말)를 대화에서나 편지를 쓰는 데 사용한다. 존경 정도에 따라 동사, 전치사, 단어, 구절, 심지어는 문장이 달라진다. 어른 존경은 중국인과 일본인의 경우와 같이 한국인의 언어 속에 스며들어 있다. 그러나 시대의 변천에 따라 경어의 표현도 조금씩 달라지고 있다. 좀 더

짧고 간단하며, 단순하고 쉬운 표현으로 바뀌는 경향이다.

(7) 음식을 대접해서 하는 존경

어른에게 음식을 제공하는 것은 오랫동안 전해 온 한국인의 전통적인 존경 방식이다. 효행자에 관한 이야기들에는 으레 노부모가 즐기는 음식을 대접해서 효도했다는 내용이 들어 있다. 시대가 바뀌어도 이 방식은 달라지지 않고 있는 것이다. 음식 대접은 고령자가 언제나 선호하는 존경 방식인 것 같다. 아마도 음식은 고령자/어른을 포함한 모든 사람에게 가장 필요한 것이기 때문일 것이다. 그러나 부모와 자녀가 따로 사는 경우가 많아서 직접 만나 식사를 대접하기가 어려워져서 돈을 보내 드려 좋아하는 음식을 사서 들도록 한다든지 음식 선물세트를 보내 드리는 경우가 많아졌다.

(8) 선물을 드려서 하는 존경

윗사람에게 선물하는 것은 한국을 포함하는 동아시아 문화권에서 널리 행해지고 있는 존경 방식이다. 선물에는 두 가지 방식이 있다. 첫째는 돈, 옷 및 상징적인 가치가 있는 물건이다. 두 번째는 어른에게 특별한 역할(사회, 주례 등)이나 기회(보람 있는 일을 할)를 제공하는 것이다. 근년에는 여러 가지 편리한 물품들이 생산되고 사람들의 기호도 다양해져 이를 자유롭게 구득할 수 있도록 현금(돈)을 선물하는 경우가 많아졌다. 은퇴를 하면 사회적 활동이 줄어든다. 고령자에게 모임에서 발언을 하거나 사회를 하는 역할을 부여하는 것은 현금 못지않게 적절한 존경 방식이 될 수 있다.

(9) 외모를 단정하게 해서 하는 존경

어른을 만날 때 옷을 단정하게 입고 머리를 다듬어 공손한 태도를 취함으로써 경의를 표하는 방식이다. 형식과 의식을 중요시해 온 한국문화에서는 이러한 외모로 하는 존경 방식이 시대가 바뀌어도 여전히 중요시되고 널리 행해진다.

(10) 이웃어른에 대한 존경

이 방식은 개인은 물론 정부와 민간단체들이 합동해서 실천하고 있다. 전국적으로 어른을 존경하는 날(경로일) 또는 주간(경로주간)을 설정하고, 어른의 복지를 보장하는 법을 제정하고, 부모부양의 책임을 법제화하고, 어른을 위해 지역사회가 각종 서비스를 제공하고, 어른 존경을 권장하기 위한 사회운동을 전개하는 등 일련의 사회적 노력이 진행되고 있다. 주로 정부의 지원으로 전국적으로 진행되는 노인일자리마련, 자원봉사지원 등 사업들도 이런 사회운동의 일부라고 볼 수 있다. 그리고 모범적으로 효행을 한 자녀들에게 상을 주고, 어린이들이 어른을 존경하도록 교육하고, 텔레비전을 통해 어른을 존경하는 내용의 드라마를 보여 주는 등의 활동은 곧 사회적으로 노인을 존경하려는 노력의 일환이다. 또한 버스에서 어른에게 자리를 양보하고, 길을 건너가는 어른을 도와주고, 어른이 가지고 가는 무거운 짐을 날라 주고, 교통편을 제공하고, 가사를 돌보아 주는 등의 개인적 또는 그룹으로 하는 자원봉사 활동도 모두가 일반 노인을 존경하려는 행동이다. 가족 중심적인 효가 이웃과 사회로 뻗어 나가고 있는 것이다. 효의 원래 뜻(효에 관한 유교경전에 실린 가르침)은 가족 내의 어른을 존경함으로써 이웃과 사회의 모든 어른을 존경하는 것으로 되어 있다.

지금까지 자신의 혈육인 어른을 주로 받들고 보살펴 온 우리는 앞으로 이 방식을 더 발전적으로 확장해 나가야 한다고 본다. 사실 이웃공동체의 복리를 증진하는 것이 한국인이 역사적으로 해 나온 관행이다. 이웃공동체가 복리를 누리면 그 속의 가족들과 개인들도 자연적으로 복리를 누리게 되는 것이다. 따라서 이웃어른 존경은 새 시대의 효를 실천하는 중요한 방식이 된다고 본다.

(11) 축하를 해서 하는 존경

부모의 60회 생신(회갑)과 70회 생신(진갑)을 축하하는 것은 가족의 커다란 행사들 중의 하나이다. 부모의 생신은 부모 일생의 중요한 전환점이 되므로 가족에게 특별한 의미를 갖는다. 자녀들은 일 년을 통해 몇 번이고 부모가 사는 본가를 방문하여 부모와 친척 어른의 생일을 축하하고 그 밖의 가족행사에 참여한다. 이러한 가족행사는 부모와 어른에 대한 경의를 가족 전체가 드러나게 표현하는 방식인 것이다. 시대가 바뀜에 따라 축하하는 방식도 점차 단순화되고 경제적으로 행하는 경우가 많아졌다. 서양에서도 생일축하는 중요시하지만 한국인을 포함한 동아시아 사람들은 더 별나다. 지금부터 약 2,500여 년 전에 지은 공자의 경전에도 부모의 생일(타생일)을 축하해야 한다고 기록되어 있다.

(12) 윗자리를 제공해서 하는 존경

어른에게 모임에서 윗자리(가운데 자리 또는 명예스러운 자리)를 권하고, 따뜻한 자리 또는 조용한 방을 제공하는 존경 방식이다. 이러한 공간적 혜택을 드리는 것도 어른에

대한 경의를 표하는 방식이다. 이 방법 역시 한국문화에서
는 어른 존경의 매우 중요한 표시로서 오랜 세월 동안 실
천되어 왔고 현재도 널리 사용되고 있다.

(13) 장례를 통한 존경

부모가 돌아가신 후 장례를 치르는 일은 자녀의 일생에
서 가장 감동적이고 엄숙한 행사이다. 자녀들은 사망한 부
모에 대한 애도를 표시하기 위해 무한 애를 쓰며 정성을
다해 장례의식을 치른다. 자녀는 상복을 입고 통곡과 울음
으로 슬픔을 나타낸다. 장의사, 관, 산소 및 비석도 사망한
부모에 대한 애정, 경의, 의무감 및 희생으로 선택한다. 장
례가 끝난 뒤에도 어떤 가족은 오랫동안 애도를 한다. 한
국인들은 부모의 장례를 위해 도에 넘치게 물질적 의례를
치르는 경향이 있었다. 사회변동에 따라 이 방법도 점차
간략하면서도 경건하게 수정되어 가고 있다. 병원에서 사
망하여 장례의식이 가정 바깥에서 이루어지고 매장방법도
간소화되고 있다.

(14) 조상에 대한 존경

시대가 달라져도 변하지 않는 한국인 특유의 가족 중심
적 존경 방법이다. 효의 대표적 표현이다. 제삿날과 경축일

에 일정한 대를 앞서 세상을 떠난 조상의 사망일을 기념하기 위해 제사를 올린다. 제사는 후손이 조상의 은혜에 보답하기 위해 하는 행사이다. 온 가족이 한 방이나 절간에 모여 조상의 위패와 사진을 모시고 조심스럽게 장만한 음식을 차려 놓고는 절을 한다. 이러한 예식이 끝나면 어른들은 자녀에게 조상에 대한 이야기를 들려준다. 그럼으로써 젊은 세대가 가족의 뿌리를 잊지 않고 조상으로부터 받은 혜택을 알도록 하려는 것이다. 사당을 꾸미고, 조상의 산소를 가꾸는 것도 역시 조상에 대한 경의를 표하는 방식이다. 이 방식도 수정되어 가고 있다. 제사의 횟수를 줄이고, 간편하게 경제적으로 의식을 올리며 가족생활에 편리한 제사 시간을 정하는 등 간소화되고 있다. 그러나 일본과 중국의 경우와 같이 조상숭배는 한국인의 생활 정도가 높아지고 가족환경이 달라져도 변함없이 실천되고 있다. 서양문화에서 보기 드문 동아시아 특유의 문화적 관습이다.

새로운 경향

가족 안팎의 변화가 지속되면서 어떤 존경 방식들은 수정되어 가고 있다. 예를 들면, 어른이 말을 할 때 이를 경청하는 것은 순종으로 하는 존경 방식인데(어른이 말하는 대로 언제나 행한다는 뜻은 아니지만), 이 방식이 젊은 사람들 사이에서 통용되고 있다. 이는 전통적으로 어른에게 무조건 복종하는 방식이 수정된 것으로 볼 수 있다. 그러나 어른에 대한 순종은 여전히 행해지고 있는 존경 방식이다. 어른에게 의논을 하는 방식은 세대 사이의 대화와 상호 이득이 되는 교환을 촉진한다. 젊은이들이 세대 사이의 호혜적인 교환에 관심을 가짐에 따라 이 방식은 앞으로 더 널리 사용될 것으로 본다. 또한 널리 통용되는 행동으로서 윗사람에게 절을 하는 대신 악수를 하는 것이다.

최근에는 민간단체와 공공단체들이 일반 노인의 복리를 위한 각종 사업을 개발하고 있다. 가족 중심으로 어른을 모시던 것이 이웃과 사회로 확장되어 실천되고 있다.

이제는 경제적 여유가 생겨 서양에서와 같이 각자의 자유와 사생활을 보장하기 위해 부모와 자녀가 따로 별거하는 관행이 늘고 있다. 사람들의 생명이 연장되어 60회 생신 축하도 요즘에는 흔히 70회에 가서 하는 식으로 연기되고 있다. 장례도 단순하게 치르고 제사도 의식을 간소화하고 횟수도 줄이고 있다.

젊은 사람들은 시간이 걸리고 복잡한 인사 방식을 피하고 간단하고 짧은 표현 방식을 택하고 있다. 부모와 떨어져 사는 자녀들은 부모와 친척 어른에 대한 경의를 전화와 e-mail을 통해 전하고 있다. 떨어져 사는 자녀는 멀리 사는 부모가 필요로 하는 보살핌/돌봄, 의료 및 사회서비스를 대가를 지불하고 제3자(가족이 아닌 보살핌/돌봄, 서비스를 무료 또는 유료로 제공하는 개인/단체/기관/시설)가 제공하도록 하고 있다. 요약을 하면, 이러한 수정은 과거보다 간략하게, 편리하게, 짧은 시간에, 횟수를 줄여서, 경제적으로, 간단히, 가족의 형편과 개인적인 사정에 따라 수정해 나가고 있다.

앞으로 이러한 수정된 존경 방식들은 더 널리 통용될 것으로 본다.

세대 간의 서로 존중

효는 세대 간의 '서로 돌봄'을 실행하는 것이다. 존경도 역시 젊은 사람과 어른이 서로 존중하는 예의 방식이다. 위에서 주로 젊은 사람이 부모와 어른을 존경하는 데 대해서 논의하였으나 부모와 어른도 자녀와 젊은 사람을 때와 장소에 따라 존중하고 있는 것이다. 세대 간의 서로존중에 대해서 저자의 책『어떻게 섬길까: 동아시아 사람들의 에티켓』(2012), 『한국인의 서로 돌봄: 사랑과 섬김의 실천』(2013)에서 구체적으로 논의하였다.

새로운 생활환경과 산업화-도시화에 따른 사회변동에서 오는 가족과 사회의 구조적 변동으로 인하여 어른을 대접하는 방식-행동적 표현-이 위와 같이 바뀌어 가고 있다. 즉, 전통적 규범 이외의 요인들 때문에 변화가 일어나고 있는 것이다.

위의 논의를 요약해서 다음과 같이 존경 방식의 변화 방향을 제시할 수 있다.

* 복잡한 표현 → 간단한 표현
* 길게 하는 표현 → 짧게 하는 표현
* 하기 어려운 표현 → 하기 쉬운 표현
* 여러 번 하는 표현 → 한두 번에 하는 표현
* 비용이 많이 드는 표현 → 비용이 적게 드는 표현
* 자기를 많이 낮추는 표현 → 자기를 덜 낮추는

표현

* 사회적 관행에 따른 표현 → 가족의 형편에 따른
표현

[논의]

이 장의 목적은 우리 사회에서 실천되고 있는 어른 존경의 실태를 파악하고, 어른 존경을 중심으로 한 효의 관행을 이해하고, 어른 존경을 하는 데 영향을 미치는 가족 안팎의 상황적 요인을 알아보고, 한국인 특유의 어른 존경 방식을 가려내고, 노인을 보살피는 가족을 위한 사회적 지원의 필요성을 조사한 연구 결과들을 소개하는 데 있다.

다음에 위와 같은 목적과 관련하여 특히 재음미해야 할 사항들에 대해서 논의하고자 한다.

한국 젊은이들의 어른 존경에 대한 연구에서 14가지의 존경 방식들을 가려냈다. 따라서 한국의 젊은 사람들의 어른 존경을 종합적으로 설명하기 위해서는 이들 방식을 모두 결합해서 제시해야 하겠다. 이 방식들은 서로 연관성을 가진다고 볼 수 있다. 그러나 각각의 방식은 어른 존경을 나타내는 특이한 행위이다.

한국의 젊은이들이 어른을 어떠한 구체적 방식으로 존경하는가를 분명히 알 수 있게 되었다. 이들 눈으로 볼 수 있는 행동적인 존경 방식들이 앞으로 어른부양의 질과 세대 간의 관계를 조사하는 데 도움이 될 수 있을 것으로 본다.

본 조사는 선행연구들이 포함하지 않았던 조상에 대한 존경과 장례를 통한 존경이 부가되었고 또 동 연구들이 제공하지 않았던 존경 방식에 대한 계량적 자료(지적빈도와 중요성 정도에 관한)를 제공했으며, 시대의 변화에 따라 이 방식들이 수정되고 있는 실상을 알려 주었다.

본 연구가 식별한 한국인의 존경 방식들과 선행연구들이 제시한 다른 아시아인들의 존경 방식 사이에 공통점이 있다. 따라서 본 연구는 동아시아 사람들의 어른 존경에 대한 일관성 있는 연구결과를 얻은 것으로 볼 수 있다. 이 사실은 한국인에 관한 연구결과와 다른 동아시아 사람들에 관한 연구 결과에 신뢰성이 있음을 시사하는 것이다.

한국 자료에서도 보살핌으로 하는 존경이 가장 자주 지적되고 가장 중요한 것으로 나타난 사실은 뜻 깊은 일이다. 고령자를 애정으로 보살피고 구체적인 서비스를 함으로써 나타내는 존경 방식이다. 서양의 학자들은 존경이 보살핌과 밀접한 관련성이 있고 보살핌은 곧 존경을 반영하는 것이라고 해석하고 있다. 따라서 본 연구에서 발견한 사실은 이 서양 학자들의 존경의 개념과 합치되는 것이라고 볼 수 있다. 이는 또한 보살핌으로 하는 존경이 비교 문화적으로도 유사함을 시사하는 것이다.

보살핌으로 하는 존경은 마음속 깊이에서 우러나게 하는 것이 중요하다. 즉, 어른 존경을 외모에 나타나는 행동뿐만 아니라 마음과 가슴속에서 우러나는 심정으로 하는 데 무게를 둔다.

저자가 편저한 영문으로 된 책(Sung & Kim, 2009, Respect for the Elderly: Implications for Human Service Providers: 어른 존경: 인간봉사자가 참고할 자료)은 바로 고령자를 보살피는 봉사자들(의사, 간호사, 사회복지사 등)이 돌보는 고령자들을 존경으로 케어함을 강조하는 내용으로 되어 있다.

보살핌을 세별해서 구체적으로 구분함으로써 이를 어떻게 실행할 수 있는가 알려 줄 수 있다. 이런 점에서 본 연구가 제시한 14개 방식들은 어른과 노약자를 보살피는 사람들이 구체적으로 어떠한 행동으로 보살펴 주어야 하는가를 알려 주는 참고자료가 될 수 있다. 이 방식들은 또한 보호자들이 어른을 대접하는 실태를 평가하는 기준으로도 개발될 수 있다고 본다.

전통적인 존경 방식들은 시대의 흐름에 따라 수정되어 가고 있다. 이러한 변화가 생활태도와 통신수단의 변동과 병행해서 진행되어 나가면 오늘날 중요시되는 존경 방식도 내일에는 그렇지 못할 수 있다. 아직까지 이 변화가 한국에서 어느 정도로, 어느 속도로, 어떠한 방식으로 진행되고 있는가에 대한 경험적이고 체계적인 연구가 이루어지지 못하고 있다.

앞서 지적한 바와 같이 대체로 존경의 표현은 복종적인 형식으로부터 동등한 것으로, 복잡한 형식으로부터 단순한 것으로, 시간이 걸리는 것으로부터 짧은 것으로 바뀌고 있다. 산업화와 도시화에 따른 사회변동에 적응해서 한국의 젊은이들은 그들의 존경 방식을 이렇게 수정해 가고 있는 것이다.

새 시대에는 혈연 중심의 효도의식이 지속되기가 어려운 형편이다. 산업계에서는 혈연을 중심으로 위계적 경영이 계승, 운영되고 있지만 우리 사회의 다른 부문에서는 그렇지가 않다. 일 가구 일 자녀 시대에 이르러 가족의 기능은 더욱 제한되어 가고 있다.

가족 중심 문화가 앞으로 사회를 움직이는 원동력으로 존속할 수 있을까? 이에 대한 회의를 품는 사람들이 많아졌다. 그렇다면 대안이 모색되어야 할 것이다. 따라서 위계적인 가족 세팅에서 효를 실천하는 문제도 이런 과제와 더불어 신중히 검토되어야 한다고 본다.

앞으로 단일한 성(姓)씨의 씨족(氏族) 개념은 없어질 것이며 남녀나 부부가 친가와 시가(媤家)를 함께 섬기는 것, 즉 자기의 조상과 처가의 조상을 함께 섬기는 공동가족으로서의 효를 실천하는 방법으로 변화할 수밖에 없을 것이다. 여기에서 혈연을 중심으로 하는 가(집)의 계승은 새로운 변화에 직면하게 된다. 더욱이 국가와 민족에 구애받지 않는 다민족, 다국적 시대로 가고 있음을 고려할 때 인류애, 보편화, 평등화, 호혜적 보살핌이 공통적 가치로 되어갈 것으로 내다본다.

따라서 모든 인류의 조상에 대한 숭배와 사랑으로 정립

할 필요가 있다. 즉, 모든 사람을 존중하고 섬기는 가치의 정립이 이루어져야 하겠다.

이와 같이 가족이 달라지고는 있지만 어른 존경은 한국에서 여전히 하나의 중심적인 가치로서 존속하고 있다. 한국의 젊은이들 대다수는 좋든 싫든 노령의 부모와 어른을 존중해야 한다고 믿고 있음이 본 조사의 결과는 시사하고 있다. 따라서 사회적 변동은 노령의 부모와 어른에 대한 존경심을 배제하지는 못하고 있는 실정이다. 한국의 젊은이들은 그들의 전통적인 가치를 지키기 위해 새로운 대안적인 방법을 찾아 나가면서 시대의 도전에 대응하고 있는 것으로 보인다.

효의 전통은 한국의 가족제도와 사회적 구조(인간관계) 속에 깊이 뿌리박혀 있다. 그래서 어른 존경은 부모에 대한 책임, 부모 은혜에 대한 보답, 그리고 부모에 대한 애정과 밀접히 연계되어 있다. 사회구조를 보면 대인관계가 여전히 상하관계로 이루어진 경우가 많다. 이러한 관계에서는 상징적인 표현, 즉 언어로 하는 존경, 인사로 하는 존경, 우선으로 대접을 해서 하는 존경, 외모를 단정하게 해서 하는 존경, 축하로 하는 존경, 선물로 하는 존경 및 복종을 해서 하는 존경이 본 조사에서 나타난 바와 같이 서양사회에서 보다 더 자주, 더 광범위하게 행해지는 경향이다.

본 연구는 어른 존경에 대한 좀 더 체계적인 조사를 위한 하나의 초단계 작업이다. 연구방법상의 단점들이 있다. 표본이 비교적 작으며 학생들만을 조사대상으로 하였다. 장래 연구에서는 대학생이 아닌 젊은 사람들을 포함시켜 더 대표적인 표본을 사용할 필요가 있다. 어른을 존경하는 행위는 자연적으로 마음에서 우러나서 하는 경우가 있고, 개인적인 인간관계 때문에 부득이 해야 하는 경우가 있을 수 있고, 부모에 대한 의무감이나 은혜를 갚기 위해 하는 수도 있을 것이며, 개인적 욕구나 희망 때문에 하는 경우가 있을 것이다. 이러한 가정들을 장래 연구에서는 증명해 보면 좋겠다. 또한 가족 내부와 집단 내에서 어른 존경을 하는 과정과 상황에 대해 개방적이고 질적인 조사를 하는 것도 의미 있다고 본다. 그리고는 존경이 고령자들의 케어와 생활의 질에 영향을 끼치는 정도를 탐색하면 좋겠다.

부록

효행의 사례

다음은 주로 소년~청년기의 남녀 학생들이 효를 행한 사례들이다. 이 사례들의 일부는 삼성효행상(청소년상) 수상자 효행록에서 골라 축소한 것이다.

사례 1. 은혜를 갚으려는 민혁의 소원

사례 2. 어머님의 소원을 이루려는 다정이

사례 3. 고마움을 사회에 환원하려는 명원

사례 4. 부모님 말씀을 따르는 모범생

사례 5. 집안과 학교에서 봉사하는 광호

사례 6. 가족을 돌보며 앞날을 내다보는 명숙

사례 7. 떨어져 살면서 돌보는 가족

사례 8. 어머니의 어머니가 된 딸의 수기

사례 1. 은혜를 갚으려는 민혁의 소원

민혁이(15세)는 하루 5~6시간 하는 혹독한 태권도 훈련을 아낌없이 뒷바라지해 주시는 할머니, 할아버지, 고모님을 생각하며 악물고 버틴다.

아버지가 교통사고로 돌아가신 후 넘치는 사랑으로 민혁이를 돌보아 주시고 아끼는 분들은 연로하신 이분들이다. 세상에서 제일 든든한 분들이고 가장 감사할 분들이다. 할아버지는 옆집 아저씨의 고기 잡는 일을 도와주거나 갯벌에 나가 조개를 주워 조개구이집에 팔아 생계를 꾸리며 민혁이를 돌보고 있다. 민혁이의 어머니는 집을 나갔다.

할머니가 편찮으셔 누워 있는 시간이 많아 민혁이는 자신이 할 수 있는 범위 안에서 집안일을 돕고 있다. 스스로 밥을 차려 먹고, 설거지를 하고, 청소를 하는 일이 생활화되었다. 할머니와 할아버지가 자기의 보호자 역할을 해 주듯이 자신도 연로하신 두 분의 손발이 되어 작은 일 하나도 놓치지 않고 도우려고 노력한다. 농번기에는 일손을 거들기도 한다.

민혁이는 훈련을 가는 날에도 할머니를 도와준다고 설거지까지 하고 간다. 주말이면 운동을 끝내고 와서 피곤한 내색 없이 할머니를 돕는다. "부탁하는 말 한마디면 달려

와서 도와요." "너무나 착하게 커 줘서 얼마나 고마운지 몰라요." 할머니의 말이다.

민혁이는 운동을 병행하면서 틈틈이 할머니와 할아버지의 말동무가 되어 드린다. 관절염으로 고생하시는 할머니의 팔과 다리, 어깨를 주물러 드리고, 집 옆의 노인정에 가서 노인정 일도 도와드린다.

바쁜 민혁이는 친구들과 어울릴 시간이 부족하다. 하지만 밝고 씩씩한 얼굴로 생활한다. "다른 사람을 생각하는 마음이 남달라요. 친구들을 잘 챙기고 보살핍니다." 선생님의 칭찬이다. 이뿐만 아니라 민혁이는 결석이나 지각이 단 한 번도 없는 성실한 학교생활로 학급행사에서 "칭찬 스타"가 되었다.

민혁이가 기죽지 않고 잘 자라도록 마음을 써 온 고모에게 그는 친아들과 같다. "운동하는 사람이 몸을 다치거나 병이 나면 안 되는데……." 고모님은 늘 걱정이다. 운동선수기 될 민혁이에게는 몸의 컨디션을 유지하는 게 매우 중요하기에 자기 몸 돌보는 데 여간 애를 쓰는 게 아니다.

할머니와 고모는 민혁이가 좋지 않은 친구와 어울리지 않을까 늘 걱정한다. 민혁이는 오히려 학교에서 좋지 않은 길로 갈 위험에 빠진 친구들을 설득하고 좋은 길로 이끌어 주고 있다.

민혁이의 꿈은 언젠가 신문에 실린 "국가대표 김민혁"이라는 기사를 보는 것이다. 아낌없이 보살펴 주신 할머니와 할아버지의 은혜에 보답하기 위해서라도 최선을 다해 꿈을 향해 나가고 있다.

"지금은 두 분에게 집안일을 도와드리는 것이 전부이지만, 고등학교를 졸업해서 대학에 들어가고 국가대표가 되면 자랑스러운 손자 모습을 사랑하고 존경하는 조부모님에게 보여 드리고 좀 더 많은 것을 해 드리려고 해요." 민혁이의 소원이다.

사례 2. 어머님의 소원을 이루려는 다정이

버스운전을 하던 아버지가 돌아가신 후 어머니 혼자 가족의 생계를 꾸리고 있다. 다정이(15세)의 어머니는 새벽 5시부터 사무실 청소일을 하신다. 추간판 탈출 증세로 허리통증이 심하지만 가족사정 때문에 일을 그만둘 수가 없다. 다정이는 아픈 몸으로 일하고 있는 어머니를 보면 마음이 아프다. 빨리 졸업해서 사회에 나가 어머니에게 경제적인 힘을 보태 드리고 싶다.

힘들게 일을 마치고 집에 돌아오신 어머니를 위해 다정이는 동생이랑 번갈아 가면서 찜질팩을 데워서 허리 찜질을 해 드리고, 팔과 다리를 주물러 드린다. 또한 어머니의 이야기에 귀를 기울이며 어머니의 슬픈 과거, 즐거웠던 경험, 직장 이야기, 어머니의 생각 등을 늘 관심 있게 들어 드린다. 어머니가 다정이에게 궁금해 하는 점이 있으면 자세히 설명해 드리려고 노력한다. 어머니는 가까운 친구가 없다는 생각에 마음을 터놓고 이야기할 수 있는 대화상대가 되어 드려야겠다는 마음을 먹고 있다.

다정이는 중학교 때 마음의 병을 겪으면서 치료받고 나서 어머니가 병환으로 고생하실 때 당한 고통을 이해할 수 있었다. 공부를 잘해서 꼭 대학에 들어가 간호사가 되고자

하는 다정이의 꿈도 생겨나기 시작했다. 다정이는 다행히 1년 전부터 상태가 좋아져서 건강하게 지내고 있다. "치료를 받고 극복해 나가는 과정에서 아프고 고통받는 사람들을 도와주는 사람이 되고 싶었어요."

어머니는 그의 보물인 다정이가 그동안 학교에서 받아 온 상장들과 성적표를 모아 놓은 파일을 들여다본다. 넉넉하지 못한 집안 형편에도 다정이는 공부를 게을리하지 않아 학급에서 1등을 놓친 적이 없다. 선생님들의 가르침을 늘 성실하게 받아들이고 방과 후 보충수업도 열심히 들어서 선생님의 칭찬도 자자하다.

다정이에게 남달리 도움을 주는 분들이 있다. 친한 선생님은 문제집을, 어떤 선배들은 책들을 주며 격려해 주었다. 그래서 학원수강이나 과외수업을 하지 않고도 공부해 나갈 수 있다. 다정이는 이분들에게 지난 크리스마스 때 손수 만든 카드를 보내 고마움을 전했다.

다정이가 이렇게 열심히 공부하는 이유가 있다. 바로 어머니가 가장 좋아하는 모습이기 때문이다. 어머니에게는 공부를 잘하는 딸이 있어 이것만큼 자랑스럽고 행복한 일이 없다. 그래서 다정이는 어머니의 기뻐하는 모습을 더 자주 보기 위해 더욱 열심히 공부한다.

힘들고 어려울 때마다 어머니는 다정이를, 다정이는 어

머니를 의지하며 부단한 노력으로 이겨내 왔다. 서로 의지하며 돌보는 화합된 가족관계를 이루고 있는 것이다. 이런 관계 속에서 따뜻한 사랑이 바탕 되어 쌓아 올린 힘이라면 그 무엇을 극복하지 못할까? 마음의 병을 떨쳐 내고 몸과 마음이 많이 건강해진 모녀는 지금껏 그래 왔듯이 앞으로도 건강하고 행복한 삶을 위해 노력할 것이다.

사례 3. 고마움을 사회에 환원하려는 명원

"어머니가 모든 것을 챙겨 주고 격려도 해 주는데 우리는 그런 게 없잖아요? 일반 가정에서는 주부가 하는 일을 명원이(15세)가 일부 맡아서 하는데도 불평이 없어요." 할아버지의 말이다.

교직에서 퇴임한 후 한동안 서예학원을 운영했던 할아버지는 요즘 명원이에게 일본어 글자를 가르친다. 히라가나를 또박또박 써 내는 명원이의 필체가 예사롭지 않다. 또래 아이들보다 의젓하고 속 깊은 손녀가 자랑스럽다.

"사람에게 가장 중요한 것은 인간성이라고 생각해요. 좋은 대학 나오고 출세해서 나만 잘살자는 게 보편적인 욕심인데, 그런 욕심보다는 내가 어떻게 이 사회에 이바지하느냐, 우리 가정을 어떻게 화목하게 하느냐를 생각해야지. 명원이가 그런 아이로 자라 주어 참 감사하지요."

당뇨병을 앓는 아버지, 집을 나간 어머니 그리고 연로하신 할아버지로 이루어진 집에서 명원이는 이렇게 자라고 있다.

명원이가 이렇게 올곧게 성장한 데는 여러 선생님의 도움이 컸다. 중학교 1학년 담임이셨던 황 선생님은 공부하는 데 필요한 문제집도 챙겨 주셨고 앞으로 어떻게 살면 좋을지에 대해 조언도 해 주셨다. 지금 담임이신 오 선생님 역시 아버지가 당뇨병을 앓고 계시기에, 명원이에게 식이요법에 대한 조언도 들려주시고 아버지 걱정도 많이 해 주신다.

그러나 누구보다도 기억에 남는 선생님은 초등학교 6학년 담임이셨던 차 선생님이다. 선생님은 급식비도 면제해 주고, 혹시라도 끼니를 거를까 싶어 라면 한 상자를 집으로 가져와서 손수 건네며 격려해 주기도 했다. 사비를 털어 수학여행을 보내 주기도 하셨다. 하지만 명원이가 고맙게 느끼는 건 이런 물질적인 도움뿐이 아니다. "차 선생님은 나의 집안일을 알고 계시지만 저를 다른 아이와 다르게 보지 않고 똑같이 대해 주셨어요. 참 감사해요."

학원을 다니는 친구들과 달리 자신은 스스로 공부하는 길밖에 없기에 노력만으로 꿈을 일궈 내려 한다. 아버지로부터 체계적으로 공부하는 계획을 짜고 지키는 것을 배우고 있다.

지금 명원이가 할 수 있는 가장 큰 효도는 열심히 공부해서 할아버지와 아버지를 기쁘게 해 드리는 일이라는 걸 알기에 공부를 소홀히 하지 않는다.

"과학 선생님이 되고 싶어요. 제가 도움받은 만큼 사회에 환원해서, 어려운 사람들을 돕는 빌 게이츠처럼 말이에요."

삶은 가난해도 꿈은 가난할 수 없다고 하지 않았던가? 어린 나이에도 불구하고 간절히 바라고 노력하면 이뤄진다고 믿으며 장래의 청사진을 그려 보는 명원이가 대견하기 짝이 없다. 비록 지금은 힘들지 모르지만, 명원이는 돈으로 살 수 없는 보물을 집에 가득 채우고 있다. 삶이 어려울수록 단단하고 커지는 '가족애'라는 보물과 '꿈'이라는 보물을 말이다.

사례 4. 부모님 말씀을 따르는 모범생

창동이(12세)는 아침에 일어나면 곧 음식을 장만하는 어머님을 찾아 "안녕히 주무셨어요"라고 인사한다. 다른 식구보다 먼저 일어나서 그를 위해 음식 장만을 위해 애쓰시는 어머님이 그렇게도 고맙다. 그리고는 회사출근을 앞두고 컴퓨터 작업을 하시는 아버님 방에 가서 인사를 드린다. 온 집안 식구의 생활을 책임지고 계시는 아버님이 고맙고 자랑스럽다. 이러는 사이에 중학교에 다니는 누이는 벌써 학교에 갈 준비를 하고 위층에서 내려온다. 누이에게도 손을 들어 인사한다. 부모님은 자기들이 필요한 것을 제쳐 놓고 창동이가 공부하는 데 필요한 모든 것을 챙겨 주신다.

최근 시골에 사시는 할아버님의 병환이 짙어져서 집안에 걱정이 생겼지만, 창동이의 생활은 정상적으로 이루어지고 있다. 공부하는 데 힘이 들지만 창동이는 부모님이 그에게 가지시는 관심과 걱정을 생각해서 공부를 더 열심히 해서 이분들을 기쁘게 해 드려야겠다는 마음을 먹고 착실히 학교생활을 하고 있다. 지난 학기에는 사회생활과 수학 과목들에서 작년보다 더 높은 점수를 맞아 부모님의 칭찬을 받았다. 영어가 좀 힘들어 애를 먹고 있는데 최근 어머님이 저녁마다 조금씩 가르쳐 주셔서 도움이 된다. 아버님은 영어를 잘하시지만 틈이 없어 도와주시지를 못하며 영어를 잘해야 된다고 걱정만 하신다. 그래도 가끔 영어 회화와 영어책 읽기를 지도해 주신다.

집을 나가기 전에 어머님은 나의 얼굴, 머리, 복장, 신발을 일일이 검사하신다. 요즘은 창동이 스스로 그의 외모를 점검하며 누이의 외모까지 걱정해 주기도 한다. 부모님은 어르신과 선생님에 대한 인사성이 밝아야 된다고 자주 타일러 주신다. 그래서 부모님에게도 "학교에 다녀오겠습니다"라고 깍듯이 인사를 드리고 집을 나선다.

집에서 학교로 가는 길이 좀 걱정이다. 길가에 조그마한 점포들이 많은데 이들 점포 주변에 학생답지 않은 아이들이 서성거리면서 가끔 창동이를 협박하며 돈을 달라고 한다. 몇 번 돈을 주었지만, 최근에는 옆 동 아파트에 사는 인철이와 함께 학교에 가게 되어 좀 안심이 된다. 시간이 더 걸리지만 다른 길로 학교에 가고 있다. 그래서 부모님의 걱정을 덜어 드리게 되었다.

창동이 반의 담임이신 김 선생님은 아침에 교문에서 학생들을 기다리신다. 창동이는 추운데 서서 수고하시는 선생님에게 부모님에게 배운 대로 "선생님, 수고하십니다", "고맙습니다"라고 인사를 드린다.

옆 동의 친구 집에서 숙제를 주말에 하게 되는데 창동이는 꼭 어머님에게 몇 시까지 있다가 돌아온다고 여쭈어 드리고 허락을 받고 간다. 그가 몸이 성치 않거나 집안에 아무도 없을 때는 허락을 해 주지 않으시는 경우가 있는데 이런 때는 어머님의 말씀을 따라 집에서 자습을 한다. 의문이 나는 문제는 그 친구와 전화 또는 이메일로 상의한다.

창동이는 부모님 말씀을 따라 모범적으로 학교생활을 해 나가려고 노력하는 아이이다. 다음은 그의 말이다.

"부모님은 학교에서 선생님의 말씀을 잘 따르고 친구들과 잘 사귀어 나가라고 자주 가르쳐 주시고 걱정하십니다."

"나는 고마우신 선생님의 말씀을 따릅니다. 선생님은 공부를 가르쳐 주시고 나를 이끌어 주십니다. 부모님같이 고마운 분입니다. 선생님의 꾸지람이 있을 때는 나는 잘못을 되풀이하지 않으려고 조심합니다."

"나는 친구들의 공부나 활동을 방해하지 않습니다. 수업 중에 잡담을 하지 않고 다른 학생이 질문이나 발표를 할 때 조용히 듣고 비웃거나 험담을 하지 않습니다. 쉬는 시간에는 다음 시간에 할 내용을 미리 챙겨 보고 준비를 합니다. 틈이 나는 대로 교실 안의 물건들을 정리하고 깨끗이 닦아 놓습니다."

창동이는 실제로 친구의 좋은 점을 칭찬해 주고 이들과 정답게 어울립니다. 그는 이어 "나의 친구들은 서로 안전하고 즐거이 공부하는 데 힘쓰고 있어요. 몸을 조심하고 건강하도록 노력들 해요. 모두 부모님이 제일 걱정하시는 몸의 안전에 관심을 갖고 서로 충고를 해 주어요."

학교를 마치고 집으로 돌아갈 때도 친구와 함께 간다. 집에 도착하면 어머님에게 먼저 "학교에 다녀왔습니다"라고 인사를 드린다. 이때부터 편안한 집안생활이 시작된다.

창동이는 이번 학기에 성적이 더 좋아질 것으로 내다보고 있다. 부모님을 즐겁게 해 드리는 가장 좋은 방법은 건강하고 공부를 잘하는 것이라고 믿고 있다. 그래서 그는 매일 같이 이 점을 마음에 두고 학교생활과 가정생활을 착실히 해 나가고 있다.

사례 5. 집안과 학교에서 봉사하는 광호

전주의 작은 마을, 광호는 이 마을에서 나고 자랐다. 광호(14세)네는 모두 네 식구이다. 할머니(82세)와 아버지(55세), 어머니, 그리고 외동아들 광호이다. 광호는 어려서부터 싹싹하고 온순해 집안과 이웃 사람들의 귀여움을 받아왔다.

아버지는 작년에 작업장 사고로 몸을 다쳐 통증이 심해 약을 먹으며 집안에서 요양하고 있다. 어머니마저 건강치 못해 집안 살림을 할머니가 도맡아 꾸려 나가신다. 그러다 보니 아버지를 돌보는 일은 어린 광호의 몫이다. 하지만 광호는 불평 한마디 하지 않고 아버지 곁을 지킨다. 가장의 몸이 성치 못하니 집안 형편이 어렵다.

통원치료가 있는 날이면 광호는 학교를 빠지고 아버지와 함께 시내에 있는 병원에 다녀오곤 한다. 그것만이 아니고 집안의 남자가 해야 할 일에 광호가 나서곤 한다. 광호는 학교 다니랴 집안일 하랴 애를 쓰고 있다.

집안 사정 때문에 늘 고되지만 방학이면 이것저것 이웃의 심부름을 하고, 가끔 마을 모임에 가서 일을 도와주며, 집안 아저씨가 일하시는 동사무소에서 서류정리도 해 준다. 이런 일을 해서 돈을 좀 번다.

돈이 생기면 맨 먼저 할머니가 사용하시는 어깨 찜질패드와 어머니가 필요한 두통약을 약방에서 사와 드린다. 어려운 환경에도 불구하고 명랑하고 활달하게 학교생활도 잘하고 친구도 많다. 친구들 사이에 충돌이 생기면 으레 광호가 나서서 중제를 하고 화해를 시킨다. 친구들에게 무엇이든 도움이 되는 것이면 해 주려고 애쓴다. 학급에서는 남이 하기 싫어하는 봉사를 도맡아 한다. 담임선생님은 학급의 행사가 있을 때면 늘 광호와 상의하신다. 집에서도 조금이라도 집안에 도움이 되는 일이면 늘 즐거운 마음으로 한다.

최근에는 동회장님이 주신 헌 컴퓨터를 쓰기 시작해서 친구들과의 연락을 하고 앞으로 블로그도 만들어 볼 생각이다. 광호의 소원은 자라서 할머니, 어머니, 아버지가 생활하시는 데 불편하지 않도록 실내장치를 잘 갖춘 집을 지어 드리는 것이다. 그리고 그를 도와주시는 이웃 분들을 위해 무엇인가 꼭 해 드려야 한다고 마음먹고 있다.

사례 6. 가족을 돌보며 앞날을 내다보는 명숙

명숙(15세)은 몸이 불편하신 아버지, 어머니, 그리고 고등학생인 언니와 초등학교에 다니는 남동생과 함께 강원도 영월에서 살고 있다. 몸이 많이 불편하신 어머니는 일상생활에서 혼자 할 수 있는 것이 거의 없다.

언니는 고등학생이라 학교에서 보내는 시간이 많고 동생은 아직 어려서 명숙은 더 많이 부모님을 도와드린다. 명숙은 어린 나이에도 부모님을 돕는 것을 당연한 것으로 받아들인다.

어머니 대신 장을 보며 야채의 싱싱함을 구분하고, 가격을 비교한다. 어머니를 도와서 상을 차리는데, 어머니가 아파서 누워 있을 때는 명숙이가 직접 밥을 짓고, 국과 찌개를 끓이고 반찬을 준비해서 어머니에게 밥상을 차려 주기도 한다.

명숙은 빨래를 하거나, 세탁된 빨래를 널고, 설거지를 하는 것은 기본이고, 마비증상이 있는 어머니와 사고를 당해 몸을 제대로 움직이지 못하는 아버지의 팔과 다리가 되어 집안의 각종 크고 작은 일들을 돕는다.

아버지 최 씨(49세)의 머리를 감겨 주고 양말을 신겨 주는 기특한 딸이고, 동생 명제에게도 든든한 누이이다. 먹을

거 하나라도 있으면 챙겨 주고, 장 보러 갈 때도 동생을 데
리고 가 간식을 사 주기도 한다. 학교에서 주는 우유를 가
져오면 동생에게 먼저 준다.

"우리 명숙이는 귀찮을 법도 한데 어떤 말에도 '알았어
요'라고 말하고 묵묵히 엄마, 아빠를 도와주는 아이예요.
유치원 때부터 지금까지 말썽 부린 적이 없어요." 아버지
의 말이다.

아버지는 형편이 넉넉지 않아 명숙을 학원에 보내 주지
못하는 것이 마음 아프다. 명숙이가 고등학교에 진학해서
좋은 성적을 얻으면 대출을 받아서라도 그의 학업을 이어
주고 싶다고 말한다.

작년 겨울에 명숙에게 큰 버팀목이었던 할머니가 폐암으
로 세상을 떠나셨다.

"식사를 준비할 때마다 할머니가 김치를 썰어 주셨어요.
이제 식사준비를 하며 제가 김치를 썰 때마다 할머니 생각
나요. 할머니가 해 주신 부침개도 이제 못 먹어요."

고개를 숙이는 명숙의 눈에서는 굵은 눈물이 떨어진다.
명숙은 아주 어린 나이부터 아버지, 어머니를 도와 가며 살
아왔기 때문에 제 또래에 비해 성숙하고 속이 깊다. 그 나
이에 맞는 어리광을 부릴 수 있는 기회도 그리 많지 않았기
에 세월은 명숙이 스스로 성숙해지도록 만들었나 보다.

“방과 후 친구들이 놀자고 권하면 놀고 싶은 생각이 많이 들어요. 하지만 내 도움이 필요한 부모님 생각이 나요. 그럴 때마다 친구들에게 이야기를 하면 친구들이 이해를 해 줘요.”

명숙은 자신을 낳아 주시고 키워 주신 두 분이 너무나 감사하다. 언제나 그를 사랑해 주시는 부모님이 자랑스럽다. 부모님의 손과 발이 되어 제 한 몫을 해내는 명숙은 오늘도 가족과 함께여서 행복하단다. 어린아이들이 좋아서 유치원 선생님이 되고 싶다는 명숙의 장래가 눈앞에 아른거린다.

사례 7. 떨어져 살면서 돌보는 가족

한길준 씨(42세)는 부인 고 씨와 딸 성원(12세), 아들 정호(11세)로 이루어진 가족의 장으로서 서울에서 증권회사 상무로 근무하고 있다. 한 씨 부모님은 그의 고향인 충남 예산에서 농사를 사람을 써서 하시며 살고 계신다. 아버님은 농협에서, 어머님은 교직에서 각각 은퇴하셨다. 여동생은 전문대학을 마친 후 출가하여 부산에서 살고 있다. 한 씨는 아파트 값 때문에 농협에 진 빚을 11년이 지난 지금에야 다 갚았다. 그동안 몇 번이고 부모님을 서울로 모시려고 설득해 보았으나 고향을 떠나지 않겠다고 하셔 모실 수가 없었다. 직장생활을 하다 보니 명절 때가 아니면 부모님을 찾아뵙기가 여간 어렵지 않다. 자주 찾아뵙지는 못해도 한 씨는 늘 고향에 계신 부모님에게 무엇인가 해 드리고 싶은 마음이 간절하지만 옆에 계시지 않아 말 시중을 들어 드릴 수도 즐기시는 음식을 해 드릴 수도 없어 안타깝다.

그나마 전화로 자주 대화할 수 있다는 것이 위안이 된다. 재작년에 여동생과 의논하여 동생은 효도 전화를 설치해 드리고 한 씨는 효도 연금을 들어 드리고 있다. 자녀에게 쉽게 전화를 하실 수 있도록 동생이 매월 부모님의 전화요

금을 지불한다. 한씨는 2~3일에 한 번씩 부모님에게 전화와 이메일을 보내 드리면서 안부를 여쭤 보지만 시골 부모님의 생활에 대한 세세한 사항까지 확인하기는 힘들다. 이분들의 사정을 직접 알아보는 역할은 한 씨의 아내가 하고 있다. 지난달에는 아버님이 갑자기 심장질환 증세가 있으시다 해서 아내가 두 번을 긴급히 시골에 내려가 병원으로 모셔 진단과 치료를 받으시도록 했고, 몇 달 전에는 부모님 집에 온돌이 제대로 기능하지 않는 것을 알아내고 보일러를 설치해 드렸다. 직접 모시지 못하여 늘 미안한 마음을 가진 아내는 자주 전화를 드려 부모님의 생활실정을 알아보고 한 씨 집안에 일어나는 일들을 알려 드리는 역할을 맡고 있다. 부모님에게 위급한 사태가 발생하면 즉시 내려갈 마음의 자세가 되어 있다.

이러는 동안 성원과 정호가 시골의 할머니와 이메일로 대화를 하기 시작했다. 할머니는 2년 전부터 컴퓨터를 사용하기 시작하여 이제는 손자녀와 사진까지 주고받으시며 교신을 하신다. 거의 매일같이 글과 사진으로 시골집의 소식을 손자녀에게 전해 주시고 서울집의 소식을 손자녀로부터 받으신다. 바쁘게 시골에 전해 드릴 일이 생기면 요즘은 성원이가 이메일로 할머니에게 보내 드린다. 그래서 한 씨 가족은 떨어져 사시는 노부모님/조부모님을 눈으로 보지는 못하지만 이분들과 더 자주 대화를 하고 더 자세한 소식을 교환하면서 정을 나눌 수 있게 되었다. 거리로 인한 불편을 손자녀가 덜어 드려 많이 해소한 것이다. 성원 남매는 방학 때마다 시골에 가 지내면서 조부모님과 정이 깊이 들었다. 저희들 부모보다도 저희를 더 사랑해 주시고 거두어 주시는 조부모님이 그렇게도 좋고 고맙다. 게다가 한 씨 부부가 조부모에게 하는 효행을 보고 배워 이제는 조부모님에게 하는 인사와 존댓말이 제법 예법에 맞아 들어간다. 이들은 벌써부터 할머니와 할아버지에게 드릴 선물을 마련해 놓고 있다. 한편 조부모님은 몇 년 전부터 성원이 자매가 대학에 들어갈 때 쓰도록 은행에 저축을 해 오고 있다.

한 씨는 자신을 위해 평생을 바쳐 오신 부모님을 생각할 때마다 은혜를 갚아야 한다는 심정이 뭉클해진다. 부모님 생신인 지난 주말에는 가족들과 함께 시골에 내려갔다. 동생은 바쁜 일이 있어 못 왔지만 한복을 한 벌씩 보내 드렸다. 농한기를 이용하여 1년에 두 번쯤 부모님은 서울 아들 집에 다녀가신다. 평소에도 자주 보내 주시지만, 올라오실 때마다 여러 가지 농산물을 가져오신다. 그동안 전화와 이메일로 못한 정담을 아들 내외와 손자녀하고 하신다. 무엇보다도 이들의 건강과 안전을 걱정하신다. 아들의 생활을 위해 무엇 하나라도 보태어 주지 못해 애를 쓰시는 것이 역력하다.

한편 부모님에게 구경을 시켜 드리고, 맛있는 것을 해 드리고, 쌓였던 이야기를 해 드리면서 모시는 것은 한 씨 부인의 몫이다. 부모님이 올라오시면 한 씨는 부모님의 자그마한 일에도 관심을 보여 드리고 마음으로 생각해 드리는 것이 떨어져 사시는 부모님에게 할 수 있는 돌봄, 즉 효라고 느끼고 있다. 이러한 한 씨 부부의 마음씨와 행동을 눈으로 보고 배우면서 정원 남매는 자라고 있다.

사례 8. 어머니의 어머니가 된 딸의 수기

나의 어머니는 76세 때 거의 죽음 직전에 도달한 절망 상태에 놓여 있었다. 어머니를 절망으로 몰아간 요인은 암으로 아버지가 사망한 사건이었다. 어머니는 그분과 50년을 같이 살았다. 이분들은 사이가 좋았고 재정적으로 비교적 여유가 있었고, 해가 갈수록 더 사랑하는 사이였다.

그러나 아버지가 갑자기 세상을 떠나시자 어머니는 가슴 속에 지울 수 없는 깊은 상처를 입게 되었다. 어머니는 울지도 않았고 무슨 방법으로도 슬픔을 풀지 못했다. 날이 갈수록 그의 슬픔은 마음속 깊이 잠겨 들어 분노와 고통으로 변했다. 그리하여 술을 마시고 담배를 피우며 죽음을 소원하게 되었다.

처음에는 어머니가 평생 지켜 오신 생활습관이 그분에게 도움이 되는 것 같았다. 즉, 여러 해 동안 집안일을 돌보아 준 이웃분이 일주일에 두세 번 집 안을 정리해 주었고, 친구들과 화투도 치셨고, 슈퍼에 가서 식료품을 사셨고, 교회에서 미사를 드렸다. 그리고 미장원에 가서 머리를 하시고, 가끔 좋아하는 음식점에서 식사를 하셨다. 이런 비교적 정상적인 생활을 어머니는 해 나가셨는데 어느 날 넘어져 허리를 다쳤다. 그 후는 7층 아파트 안에 들어박혀 일절 외출을 하지 않게 되었다.

평생 초등학교에서 교원생활을 하셨던 어머님은 이제 잠옷과 내의만을 걸치고 혼자 방안에서만 칩거하는 사람으로 변했다. 주일날 교회에 안 가신 지는 벌서 여러 주일이 되었다. 소설책을 읽는 것이 일과로 되었던 그는 텔레비전을 밤낮 가리지 않고 보고 있어 취침시간이 대중없었다. 밤을 낮으로 생각하고 새벽 2시에 나에게 전화를 거시고 이야깃거리를 꺼내신다. 때로는 밤중에 아침 식사를 하러 부엌으로 가신다. 고작 엽차를 마시는 것과 담배 피우는 것이 그분의 아침 식사였다. 점심은 밥 반 공기와 김치 두 조각이었다. 저녁은 음식점에 주문한 우동이나 짜장면 정도였다. 시간의 대부분을 담배를 피우면서 보냈다. 담배꽁초는 의자와 식탁 주변에 흩어져 있고 융단 이곳저곳에 담뱃불로 탄 흔적들이 보였다. 다행히도 아파트에 불이 나지는 않았다.

어머님은 정신적 질환, 음주, 영양실조로 아파트 안에서 자주 넘어졌다. 이럴 때면 그는 기어서 전화기를 찾아가 빌딩관리자를 불렀다. 빌딩관리자는 어머니를 일으켜 부축해서 침대로 데려가 눕혀 주었다. 이런 일이 되풀이되었지만 회복되는 기세가 보이지 않았다. 그러던 중 어느 날 그런 삶을 더 이상 계속 못 하게 만든 일이 일어났다. 이제 생각하면 이런 일이 발생한 것이 어머니를 위해 참으로 다행스럽다고 본다.

어느 날 아침 가정부는 어머니가 침대 아래 떨어져 있는 것을 발견하였다. 이렇게 36시간을 보낸 것이다. 그의 몸은 탈수상태였고 고통스러워하며 헛소리를 했다. 의사는 허리에 상처를 입었고 뇌출혈이라는 진단을 내렸다.

즉시 응급차로 종합병원으로 옮겼다. 여러 가지 의료기구를 사용하여 종합검진을 받았는데 기적적으로 뇌출혈이나 다른 증상은 없고 단지 골절이라는 진단결과가 나왔다. 2주일 동안 병원에서 하루 세 끼 식사를 하고, 술을 안 마시고, 의료진과 가족의 감독을 받으면서 지낸 후, 어머님은 눈에 생기가 돌기 시작하고 웃음을 보이게 되어 3년 만에 처음으로 정상적인 모습을 되찾게 되었다.

가족과의 접촉과 어머니의 재활

이 일이 일어난 후 어머니는 나의 집으로 옮겨 사시게 되었다. 아들은 자라서 집안의 아버지가 된다는 말이 있다. 나는 이제 나의 어머니의 어머니가 되었다. 어머니는 나의 사랑과 보살핌이 필요한 나의 자식들 가운데 한 사람이 된 것이다. 나는 이분이 절망 속으로부터 되살아나는 상황을 지켜보며 한없이 즐거워하고 있다.

어머니는 지팡이를 집어 던지고 하루에 서너 번 계단을 오르내리기 시작하였다. 더 중요한 변화는 이제 의사의 지시에 따라 마련한 저녁 식사와 함께 과일을 드시게 되었다. 하루에 정상적인 세 끼의 식사를 하게 된 것이다. 미장원에 가서 머리를 하고, 교회에 나가기 시작하고, 손자녀 학교에 가서 학예회를 참관하고, 음악회에도 간다. 어머니에게 웃음과 생에 대한 의욕이 되살아났다.

나의 아이들은 할머니의 변하는 모습을 보고 그분에 대한 이해와 인내심을 기르게 되었다고 한다. 어머니는 손자녀에게 그가 가진 모든 사랑을 퍼부었다. 그들에게 공부하라, 방을 깨끗이 하라, 행동을 바르게 하라는 등 내가 하는 잔소리를 하지 않아서 그들과 더욱 친밀하게 되었다.

나는 이제 나의 어머니를 되찾았다. 사람과 접촉한다는 것이 중요함을 뒤늦게 알게 되었다. 접촉은 치유하는 힘이 있는 것이다. 여섯 살 된 손자를 껴안으면서 인사를 나누고, 나와 포옹을 하고, 손자녀의 손을 잡고 자동차에 가서 같이 타는 것들이 모두 그분을 회복시키는 힘이 되었다. 친구들의 왕래도 있었고 가끔 애완동물을 돌보는 사람들이 찾아와 어머니와 함께 즐거운 시간을 보냈다. 애완동물도 어머니의 재활에 기여를 했다. 어머니는 우리가 생일날 선사한 강아지와 고양이를 잘 돌보시고 있다. 이들 애완동물은 어머니 곁을 떠나지 않는다.

"어머님, 일 년 전에 비해 훨씬 더 좋아지셨어요"라고 하면 어머님은 웃으신다. 그리고는 "나도 그렇게 되려고 노력하고 있어"라고 응답한다. 어머니는 일 년 전에 그런 노력을 할 능력이 없었다.

어머니의 지금 형편은 만족스럽다고 할 수 있다. 우리 사회에는 부모와 동거하는 사례가 점점 줄고 있다. 그리고 고령의 부모들도 자녀와 함께 살기를 원치 않는 분들이 많다. 어머니도 전에 살던 아파트로 돌아가 혼자 살기를 원하신다. 가끔 그곳에 가 보시기는 하나 만약 그곳으로 다시 돌아가 사신다면 또 암흑 같은 환경에서 생활하실 가능성이 있다. 양로원과 노인요양원 같은 데도 마찬가지로 어머님한테 도움이 된다고 보지 않는다.

그래서 우리는 지금의 상황에 만족하며 살아 나가기로 했다. 모든 사람에게 이 생활방식을 권하지는 않는다. 내가 전하고 싶은 말은 우리의 연로하신 부모님들은 우리 젊은 사람들이 원하는 바와 똑같이 관심을 가져 주고, 애정을 나누고, 보살펴 주고, 봉양해 주는 것을 원하고 있다는 사실이다. 나는 이런 인간적인 대접-즉, 효도를 하는 것-이 놀라운 변화를 가져온다는 사실을 체험하였다.

참고문헌

[국내문헌]

강철희・김미옥・이종은・이경은, 2007, 「나눔교육을 통한 아동의 변화연구」, 『한국사회복지학』, 59.

고범서, 1992, 『가치관연구』, 나남.

교육과학기술부, 2011, 「도덕과 교육과정」, 교육과학기술부 고시 제2011-361호(별책 6).

권중돈, 2010, 『노인복지론』, 학지사.

김경희, 2003, 『아동심리학』, 박영사.

김동배, 「노인과 자원봉사」. 한국노년학회(편), 『노년학의 이해』(254-264), 서울: 도서출판 대영문화사.

김미해・권금주, 2008, 「며느리의 노인학대 과정에 관한 연구」, 『한국노년학』, 28(3), 403-424.

김인자 외, 2008, 『긍정심리학』, 물푸래.

김태환, 1979, 「사회적인 견지에서 본 한국인의 국민성」, 『국민윤리』, 8, 정신문화연구원.

김형태, 2008, 『21세기를 위한 자녀교육』, 태양출판사.

나카무라 모토(中村 元), 1961, 『慈悲』, 京都: 平樂寺書店.

『노자(老子) 도덕경』, 1989, 박일봉 역편, 육문사.

『논어(論語)』, 1997, 이가원 감수, 홍신문화사.

『대학(大學)』, 이가원 감수, 1994, 『대학 - 중용』, 홍신문화사.

동금유(董金裕), 2010, 「효도사상의 확대해석과 현대에서의 실천」. 『유학부흥과 현대사회』, 국제유교연합회, 성균관대학교.

류승국, 1995, 「효와 인륜사회」, 『효사상과 미래사회』, 한국정신문화연구원.

『맹자(孟子)』, 1994, 이기석·한용우 역해, 홍신문화사.

『명심보감(明心寶鑑)』, 2003, 이기석 역해, 홍신출판사.

모선희, 2000, 「효윤리의 현황과 과제」, 『현대사회와 효의 실천방안』, 한국노인문제연구소.

문용린·김인자·원현주·백수현·안선영 역, 2008, 『성격감정과 덕목의 분류』, 한국심리상담연구소.

박영란, 2000, 「효관련 연구의 현황과 과제」, 『현대사회와 효의 실천방안』, 한국노인문제연구소.

박재간, 1998, 「전통적 효사상과 그 현대적 의의」, 『전통윤리의 현대적 조명』, 한국정신문화연구원.

박종홍, 1960, 『퇴계의 인간과 사상』, 서울: 국제문화연구소, 세계 2권, 4호.

보건복지부, 『2009, 2008년도 노인실태조사: 전국노인생활실태 및 복지요구조사』.

보건복지부, 2007, 『노인학대상담사업 현황보고서』.

『부모은중경(父母恩重經)』, 1994, 권오석 역해, 홍신문화사.

삼성복지재단. 1975~2005, 『삼성효행록』.

성규탁, 2013, 『한국인의 서로 돌봄』, 한국학술정보.

성규탁, 2012, 어떻게 섬길까, 학술정보.

성규탁, 2011, 『어른을 존중하는 중국, 일본, 한국 사람들: 새 시대의 실천방식』, 한국학술정보.

성규탁, 2010, 『한국인의 효 Ⅰ, 전통과 변화』, 한국학술정보.

성규탁, 2010, 『한국인의 효 Ⅱ, 변하는 형태』, 한국학술정보.

성규탁, 2010, 『한국인의 효 Ⅲ, 어른 존경』, 한국학술정보.

성규탁, 2010, 『한국인의 효 Ⅳ, 별거와 부양』, 한국학술정보.

성규탁, 2010, 『한국인의 효 Ⅴ, 주고받는 관계』, 한국학술정보.

성규탁, 2005, 『현대한국인의 효』, 집문당.

성규탁 2001. 「어른존경방식에 대한 탐험적 연구」, 『한국노년학』, 21(2), 125-139.

성규탁, 2000, 「노인을 위한 가족의 지원: 비교문화적 고찰」, 『사회복지』, 145, 175-192.

성규탁, 1998, 「현대 한국인이 인식하는 효: 척도와 차원」, 『한국노년학』, 14(1), 50-68.

성규탁, 1995, 「한국인의 효행의지와 연령층들 간의 차이」, 『한국노년학』,

15(1), 1-14.

성규탁, 1995, 『새 시대의 효』, 연세대학교출판부.

성규탁, 1994, 「한국인의 가족지향성, 현대사회와 사회사업」, 우계어윤
　　　배박사회갑기념논문, 7-28.

성규탁, 1990, 「한국노인의 가족중심적 상호부조망」, 『한국노년학』, 9, 28-43.

성규탁, 1989, 「현대한국인의 효행에 관한 연구」, 『한국노년학』, 9, 28-43.

『성서(The Holy Bible)』.

『소학(小學)』, 1994, 이기석 역해, 홍신문화사.

손인주, 1992, 『한국인의 가치관』, 문음사.

송복, 1999, 『동양의 가치란 무엇인가: 논어의 세계』, 미래인력연구센터.

송성자, 1997, 「한국문화와 가족치료」, 『한국사회복지학』, 32권, 160-180.

신용하, 2004, 『21세기 한국사회와 공동체문화』, 지식산업사.

신용하·장경섭, 1996, 『21세기 한국의 가족과 공동체 문화』, 집문당.

심미옥, 2003, 「초등학교학부모의 자녀지원활동에 관한 연구」, 『초등교
　　　육연구』, 16(2), 333-358.

엄예선, 1994, 『한국가족치료개발론』, 홍익제.

『예기(禮記)』, 1993, 권오순 역해, 홍신문화사.

오세철, 1982, 『한국인의 사회심리』, 박연사.

윤사순, 2008, 『퇴계이황』, 예문동양사상연구원.

윤성범, 1975, 『현대와 효도』, 을유문화사.

윤태림, 1970, 『한국인의 의식구조』, 삼화서적.

윤현진·추병환·정창우, 2009, 『도덕과 교육내용 개선방안 연구』, 한
　　　국교육과정평가원,

『율곡전서(栗谷全書)』 국역, 1985, 한국정신문화연구원.

이광규, 1990, 『한국가족의 구조분석』, 일지사.

이부영, 1983, 「한국인의 성격의 심리학적 고찰」, 『한국인의 윤리관』,
　　　한국정신문화연구원.

이상은·이병도, 1976, 『한국의 유학사상: 退溪集/栗谷集』, 선출판사.

이상해(李翔海), 2010, 『효와 중국인의 안신입명의 도』.

『유학부흥과 현대사회』, 서울, 국제유교연합회, 성균관대학교.

이연숙, 2011, 「체험주의의 초등도덕교육에 대한 함의연구」, 『초등교육
　　　연구』, 24(3), 51-72.

이인수·이용한, 2000, 「노인학대 인식도의 한미 간 비교에 관한 연구」, 『노

인·복지연구』, 겨울호, 165-182.

이종호, 1994, 『율곡의 인간과 사상』, 지식산업사.

이희경, 2010, 『유아교육개론』, 태양출판사.

임진영, 2003, 「어머니의 양육태도와 아동의 자아개념이 아동의 대인관
　　계에 주는 영향」, 『초등교육연구』, 16(1), 379-399.

전미경·김정현, 2008, 「초등교과서에 재현된 노인에 대한 연구」, 『한
　　국노년학』, 28(3), 663-685.

정경배, 1999, 「21세기 노인복지정책 방향」, 『노인복지정책연구』, 한국
　　보건사회연구원.

『중용(中庸)』, 2000, 이가원(감수), 홍신문화사.

지교헌, 1988, 『한민족의 정신사적 기초』, 한국정신문화연구원.

채무송, 1985, 『退溪·栗谷 철학의 비교연구』, 성균관대학교출판부.

최근덕, 1995, 「효의 오늘과 내일」, 『효사상과 미래사회』, 한국정신문
　　화연구원, 77-102.

최성재(편), 2012, 『고령화 사회』, 서울대출판부.

최성재, 1989, 「경로효친사상과 노인복지」, 『한국사회복지학』, 13,
　　1-25.

최재석, 2009, 『한국의 가족과 사회』, 경인문화사.

최재석, 1994, 『한국가족연구』, 일지사.

최정혜, 1998, 「기혼자녀의 효의식, 가족주의 및 부모부양의식」, 『한국
　　노년학』, 18(2), 47-63.

최혜경, 2006, 「가족법 개정운동에 비춰 본 한국의 가족제도, 오늘의
　　한국가족 어디로 가고 있나?」, 아산사회복지재단 29주년기념
　　심포지엄.

『퇴계집(退溪集)』, 2003, 이황, 장기근 역해, 홍신문화사.

한경해·주지현·이정화, 2008, 「조손가족 조모가 경험하는 손자녀 양
　　육의 보상과 비용」, 『한국노년학』, 28(4).

한국가족문화원, 2005, 『21세기 한국가족: 문제와 대안』, 경문사.

한국개발원, 1985, 『2000년을 향한 국가장기개발구상 총괄보고서』,
　　72-84.

한국노인문제연구소, 1985, 『한국효행실록』.

한국청소년개발원, 2011, 『청소년심리학』, 교육과학사.

한동희, 2002, 「노인학대의 의미와 사회적 개입에 대한 노인들의 인식

연구」, 『한국사회복지학』, 50, 193-208.

한경해·주지현·이정화, 2008, 「조손가족 조모가 경험하는 손자녀 가족의 보상과 비용」, 『한국노년학』, 28(4).

한형수, 2011, 『한국사회 도시노인의 삶의 질 연구』, 청록출판사.

한국노인문제연구소, 2000, 『현대사회와 효의 실천방안』, 한국노인문제연구소.

홍미령·김은정·김태현·차우규·한정란, 2008, 「노인인식개선을 위한 초·중교과과정 내용분석 및 보조교재 개발」, 보건복지부, 한국노인복지진흥재단.

황진수, 2011, 『노인복지론, 공동체』.

『효경(孝經)』, 1989, 박일봉(편역), 육문사.

『효행실록(孝行實錄)』, 1985, 한국노인문제연구소.

[외국문헌]

Aquinas, T.(1981). *Summa theologica*. Westminster, Maryland: Christian Classics.

Blackstone, A.(1856). *Commentaries on Law of England*. Philadelphia: Lippincott. Bk. 1, Ch. 8, Sec.1.

Choi, S. J.(최성재)(1996). The family and ageing in Korea: A new concern and challenge. *Ageing and Society* 16, 1-25.

Downie, R. S. & Telfer, E.(1969). *Respect for persons*. London: Allen and Unwin.

Emmons, R. A. & McCullough, M. E.(2008). *Thanks! How practicing gratitude can make you happier*. Boston: Houghton Mifflin.

Ghusn, H. M., Hyde, D., Stevens, E. S., Hyde, M., & Teasdale, T. A.(1996). Enhancing life satisfaction in later life. *Journal of Gerontological Social Work* 26, 27-47.

Hashimoto, A.(2004). Culture, power, and the discourse of filial piety in Japan: The disempowerment of youth and its social consequences. In *Filial Piety*: Ed. C. Ikels. Stanford University Press.

Ingersoll-Dayton, B., & Saengtienchai, C.(1999). Respect for the elderly in

Asia: Stability and change. *International Journal of Aging and Human Development* 48, 113-130.

Kant, I.(1964). Gregor, M. J. (Trans.). Doctrine of right, *The Metaphysics of Morals, II*. New York: Harper. 123.

Kwan, A. Y.(1995). Elder abuse in Hong Kong. *Journal of Elder Abuse and Neglect* 6, 65-80.

Levy, B. R.(1999). The inner self of the Japanese elderly. *International Journal of Aging & Human Development* 48, 131-144.

Lewis, B.(2005). *What Do You Stand For?* Minneapolis, MN: *For Kids*. Free Spirit Publishing.

Lewis, B.(2005). *Teaching Gratitude in the Early Years-When Do Kids Get It?* Minneapolis, MN: Free Spirit Publishing, 2005.

Mehta, K.(1997). Respect redefined: Focus group insights from Singapore. *International Journal of Aging and Human Development* 44, *205-219*.

Nicholson, U. T., Trans.(2000). *Sutra about the Deep Kindness of Parents and the Difficulty of Repaying It,* B. H. Ch'ih and U. S. Rounds, cert., Ed., Abbot Hua and B. H. Tao, Rev'd by B. H. Tao.

Piaget, J.(1969). *The moral judgement of the child*. London: Routledge & Kegan Paul.

Pillemer, K. A., & Finkelhor, D.(1988). The prevalence of elder abuse. *The Gerontologist* 28, 51-57.

Rice, E. P.(1984). *The adolescent: Development, relationships, and culture*. Boston: Allyn & Bacon.

Roland, A.(1989). *In search of self in India and Japan: Toward cross-cultural psychology*. Princeton University Press.

Ryan, M. J.(1999). *Attitudes of Gratitude*. San Francisco: Conari.

Silverman, P. & Maxwell, R.(1978). How do I respect thee? Let me count the ways. *Behavior Science research* 13, 91.

Simmel, O. S.(2008). *The web of group affiliation*. New York: Free Press.

Sung, K. T.(성규탁)(1990). A new look at filial piety: Ideals and practice of family-centered parent care in Korea. *The Gerontologist* 30, 610-617.

Sung, K. T.(성규탁)(1991). Family-centered informal support networks of Korean elderly: Resistance of cultural traditions. *Journal of Cross-cultural gerontology* 6, 432-447.

Sung, K. T.(성규탁)(1992). Motivations for parent care: The case of filial children in Korea. *International Journal of Aging and Human Development* 34, 179-194.

Sung, K. T.(성규탁)(1994). Cross-cutural comparison of motivations for parent care. *Journal of Aging Studies* 8, 195-209.

Sung, K. T.(성규탁)(1995). Measures and dimensions of filial piety. *The Gerontologist* 35, 240-247.

Sung, K. T.(성규탁)(1998). An exploration of actions of filial piety. *Journal of Aging Studies* 12, 369-386.

Sung, K. T.(성규탁)(2000). Respect for elders: Traditional forms and emerging trends. *Hong Kong Journal of Gerontology* 14, 331-345.

Sung, K. T.(성규탁)(2001). Family support for the elderly in Korea. *Journal of Aging and Social Policy* 12, 65-79.

Sung, K. T.(성규탁)(2002). Elder respect among American college students. *International Journal of Aging and Human Development* 55, 367-382.

Sung, K. T.(성규탁)(2004). Elder respect among young adults: A cross-cultural study of Americans and Koreans. *Journal of Aging Studies* 18. 215-230.

Sung, K. T.(성규탁)(2005). *Care and respect for the elderly in Korea: Filial piety in modern times in East Asia.* Seoul: Jimoondang.

Sung, K. T.(성규탁)(2007). *Respect and care for the elderly; The East Asian Way.* Lanham, MD: Univ. Press of America.

Sung, K. T., & Dunkle, R. E.(2009). How social workers demonstrate respect for elderly clients. *Journal of Gerontological Social Work* 53: 250-260.

Sung, K. T., & Kim, B. J.(성규탁, 김범중)(2009). *Respect for the elderly: Implications for human service providers.* Lanham, MD: Univ. Press of America.

Sung, K. T., et al.(Eds.)(2012). *Advancing Social Welfare of Korea: Challenges and Approaches.* Seoul: Jimoondang.

Tomita, S.(1994). Consideration of cultural factors in the research of elder mistreatment with an in-depth look at the Japanese. *Journal of Cross-Cultural Gereontology* 9, 39-52.

성규탁(成圭鐸) ────────────────────────────

서울대학교 문리과대학 학사, 석사
미국 미시간대학교(앤아버) 사회사업대학원 석사, 박사

미국 위스콘신대학교(매디슨) 사회사업대학원 교수
연세대학교 사회과학대학 사회복지학과 교수
연세대학교 사회복지연구소 소장
미국 시카고대학교 Fellow
미국 미시간주립대학교 사회사업대학원 교수
미국 남가주대학교(USC) 사회사업대학원 석좌교수
미국 미시간대학교 사회사업대학원 초빙교수
Elder-Respect, Inc. 대표(www.elder-respect.org)

현) 자광재단 효문화연구소 대표
    한국사회복지사협회 원로회 공동위원장
    한국고령사회비전연합회 교육원 원장
    한국사회복지협의회 발전위원회 고문
    세계노년학·노인의학대회 조직위원회 고문

e-mail: sung.kyutaik@gmail.com

저서(국내)
『새 時代의 孝』(연세대학술상 수상, 1995)
『새 시대의 효 I』(아산효행상 수상, 1996)
『새 시대의 효 II』(문화공보부 추천도서, 1996)
『새 시대의 효 III』(1996)
『현대한국인의 효』(한국학술원선정우수도서, 2005)
『한국인의 효 I─이어지는 전통과 변하는 실천』(2010)
『한국인의 효 II─시대의 변화와 실천의 유형』(2010)
『한국인의 효 III─새 시대의 어른 존경』(2010)
『한국인의 효 IV─따로 사는 자녀와 실천』(2010)
『한국인의 효 V─보살핌을 주고받는 세대관계』(2010)
『어른을 존중하는 중국, 일본, 한국 사람들─새 시대의 실천방식』(2011)
『어떻게 섬길까─동아시아인의 에티켓』(2012)
『한국인의 서로돌봄: 사랑과 섬김의 실천』(2013)
『사회복지행정론』(2003)
『사회복지행정조직론』(1992)
『산업복지론』(1992)
『정책평가』(1993) 외

저서(국외)

Care and respect for the elderly in Korea: Filial piety in modern times in East Asia(2005)

Respect and care for the elderly: The East Asian Way(2007)

Respect for the elderly: Implications for human service providers(2009)

Advancing social welfare: Challenges and approaches(2011)

Treating the elderly with respect in East Asia and America(2013)

논문(국내)
사회복지학회지
한국노년학
한국정신문화연구원논총
한림과학원총서 등에 발표

논문(외국)
The Gerontologist
Journal of Aging Studies
International Journal of Aging and Human Development
Journal of Gerontological Social Work
Educational Gerontology
Journal of Social Service Research
Administration in Social Work
Health and Social Work 등 학술지에 발표

부모님, 선생님
"고맙습니다"로
시작하는 효

초 판 인 쇄 | 2013년 6월 1일
초 판 발 행 | 2013년 6월 1일

지 은 이 | 성규탁
펴 낸 이 | 채종준
펴 낸 곳 | 한국학술정보㈜
주   소 | 경기도 파주시 문발동 파주출판문화정보산업단지 513-5
전   화 | 031) 908-3181(대표)
팩   스 | 031) 908-3189
홈 페 이 지 | http://ebook.kstudy.com
E - m a i l | 출판사업부 publish@kstudy.com
등   록 | 제일산-115호(2000. 6. 19)

ISBN   978-89-268-4319-2 03040 (Paper Book)
          978-89-268-4320-8 05040 (e-Book)

이담 Books 는 한국학술정보(주)의 지식실용서 브랜드입니다.